パフォーマンス心理学
が教える

実力
全開
DIALED IN
Do your best when it matters most
メソッド

ダナ・シンクレア

訳
三木俊哉

日経BP

ジェームズ・スリースへ
あなたはいつも最高の友人だったし、
今も光り輝く存在。
あなたと歩む人生は素晴らしい。

愛する娘たち、
ハンター・シンクレア・スリースと
モーガン・シンクレア・スリースへ
いつまでも楽しく率直で生意気なままでいてね。

目次

パート1　神話のウソ

パート
2
重圧下でのパフォーマンス

＊本文中の〔　〕は訳注です。

序文

アリシア・コッポラ
（俳優、作家、映画監督・製作者）

ひとりで移動するときに必ず行うルーティンがある。空港のゲートへ行き、腰かけ、「一番の友」を探す。その存在が私を落ち着かせてくれる人、それが一番の友だ。我々は好きなアイスクリームのことなど、いろいろなおしゃべりをする。不安や恐れを感じているとき、あるいは飛行機が揺れているとき、その新しい親友が落ち着いていたら、こちらも落ち着いていられる。これは本当に気持ちを鎮める効果がある。ただ、「こっちをじっと見てるあの変な女は何だ?」と何人かに思われたのは間違いないけれど。

13年余り前もそうだった。その時の飛行機はトロント行きだった。クリーム色のトレンチコートを着た、栗色の美しい髪をしたその素敵な女性は、とびきりの笑顔で反応してくれた。今回の一番の友はこの人で決まりだ。そして思いもよらず、この新しい友人とは席も隣り合わせになった。彼女の名はダナ・シンクレア博士。

飛行機に乗るとき、私はたいてい不安で仕方がないのだけれど、この時はさらに、3人目の子どもを産んだばかりで産後鬱《うつ》の状態にあった。仕事への復帰も近かったので、もう不安だらけだった。

パフォーマンスコーチングの仕事以外に、ダナはメンタルセラピーも手がけていた。まさか家へ帰るために乗った飛行機で5時間もセラピーをやることになるとは思わなかっただろう。彼女にしかできない方法で、ダナはすぐに私を落ち着かせてくれた。息を整え、自分で自分をなだめる方法を教えてくれた。それはつまり、私の心と体に治癒のきっかけを与えてくれるものだ。

私たちのフライト（セラピーセッション）は終わりを迎えたが、それは信頼で結ばれた友情の始まりだった。そしてそこから数え切れないほどのセラピーセッションが始まった。産後鬱から、果てはハイウェイでの運転が怖いという悩みの相談にまで乗ってもらった。何を言うべきか、どう聞いたらよいかを、ダナはいつも心得ている。その人の最大の可能性を引き出すためにどう語りかければよいかを知っている。こちらがめそめそしていても無視せず、次はもっと良くなろうという努力の妨げにならないよう、その気持ちの収め方を教えてくれる。私のような俳優に限らず、アスリート、医師、レースドライバー、ヘッジファンドマネジャーなど、どんな人に対してもダナはパフォーマンスの高め方を示してくれる。

本書を読めばまず、これまでに受けてきたアドバイスがなぜあまり役に立たないのか、その理由がわかる。善意の教師や親から、まるでそれしか方法がないかのように「もっとがんばれ」と何度言われたことか。でも心配は無用。ダナはちゃんとした答えをくれる。冷静さを保ち、迷いを持たず、集中することが、長い目で見れば、持って生まれた才能に勝ることをあなたは知る。成功への自信などなくてもよいこと（あるに越したことはないが）、恐怖心がパフォーマンスを驚くほど狂わせること、人にモチベーションを与えることは誰にもできないことを思い知る。しかし、本書で明かされる成功の秘訣はそれだけではない。

ダナは次に、あなた自身のパフォーマンスプランを立てるための3つのステップを教えてくれる。恐ろしく急な斜面をこれから滑り降りようとするスキー選手、役員へのプレゼンテーションを前に緊張する社員……どんな人であっても計画を立てられる。それから、本書を読み進めながら実践できる、4つの重要なスキルが示される。そして、ここまでのプロセスを実際に経験する5人のパフォーマーの事例が紹介される。

私はフライト前の空港ターミナルで一番の友人を探すけれど、あなたが必要とする人はすべて本書の中に見つかる。

私はすべてのオーディション、すべての役柄でダナの手法を使ってきた。母親としてのパフォーマンスを高めるためにも、やはり彼女の方法を利用させてもらった。最高の友人と出会う直前に生まれた3人目の赤ん坊は今、サッカー選手として活躍している。さて、ダナの新しいクライアントは誰だろう？ きっとダナは私の娘のサッカーパフォーマンス改善を手助けしてくれるはずだ。それだけでなく、娘は人生の他の側面でもさらに向上を果たすだろう。

ドクター・ダナ、さまさまである！

2023年 ロサンゼルスにて

はじめに　ようこそ我がオフィスへ

私たちは誰もが結果を求める。取り組みの成果を出したいと考える。しかし能力を最大限に発揮するのは必ずしも容易ではない。

私はよく訊かれる。「心理学者なんですよね。いろいろなアスリートやビジネスパーソンに協力しているそうですが、本当は何をされているのですか？」。その次に多いのが、「なぜ、あなたに相談に行くのでしょう。精神的に不安定な人だから？」。ただ、こういうふうに尋ねる人は、自分自身が感じている重圧やプレッシャーについてしゃべりたいのだということを私は学んだ。

私の仕事は一種独特で、専門性が高い。多くの人が知らない仕事なので、こちらからたびたび説明することになる。パフォーマンス心理学者である私の役割は、人々が頭を働かせてより良い結果を出せるように力を貸すことだ。「いざ本番」に向けて力を発揮しなければならないときに、うまく感情をコントロールするためのコンセプトやメソッドを紹介する。あるいは、冷静かつ迷いなく状況に対応し、これから取り組もうとする難題に重圧を感じている場面でも結果を出せるような方法を指南する。

私はパフォーマンスに特化した心理学者としてライセンスを受けており、この20年間、NFL（プロフットボール）、MLB（プロ野球＝大リーグ）、NBA（プロバスケットボール）、WNBA（女子プロバスケットボール）、NHL（プロアイスホッケー）、MLS（プロサッカー）、インディカー（プロモータースポーツ）、WTA（女子プロテニス）、PGA（プロゴルフ）、そしてオリンピックのアスリートやチームに協力してきた。その他、外科医、学生、企業幹部、親、コーチ、さらには俳優やミュージシャンなどのパフォーマンスアーティストにも助言する。もっと向上したいと考える人なら誰でも歓迎したい。彼らが集中力を発揮し、その結果、エラーを回避し、スキルを伸ばし、成果を出せるようサポートするのが私の仕事である。できるだけシンプルに、楽しく。ただそれだけだ。

プロスポーツ選手のようにレベルの高いパフォーマーでもプレッシャーに苦しむことがある。緊張し、神経質になり、自信を失い、勘ぐり、ミスを犯す。私たちは誰でもメンタルな要因から能力を発揮できない可能性がある。だが幸い、そのメンタルな要因をプラスの方向へ大いに利用することもできる。

クライアントとの時間はたいてい楽しく過ぎる。パフォーマンスの問題に取り組み、結果を出すための実際的な解決策について話し合う。相手が誰であれ、その仕事が何であれ、パフォーマンスに関して耳にする心配事は同じである。彼らが話したいと考えるのは、自信、集中、恐怖、緊張、準備について。パフォーマンス向上のためには、日によって結果が違うのはなぜかを知る必要がある。難なく良いパフォーマンスが出せる日には、実際には何が起きているのか？　そうでない日には、どんな状況や思考が能力を損なっているのか？

パフォーマンスにメンタルな要素が大きく関わっていることは研究でわかっている。日常的な経験からもそれはわかるだろう。落ち着いて集中すればパフォーマンスは高まるし、自己不信にならず、気が散らないようにすれば、やはりパフォーマンスは向上する。重圧を受けるなかで感情をコントロールできるようになれば、つまり本当の「見せ場」をつくれるようになれば、持てる才能や技量を十分に発揮できる。

私はクライアントといっしょにパフォーマンス強化策に集中し、すぐに彼らを手助けできるよう心がけている。しかし人生にはいつ何が起きるかわからず、もっと幅広い検討が必要なこともある。メンタルヘルスの症状が比較的軽い場合でも、不安症、抑鬱症、注意欠如・多動症、恐怖症などがその人の対応力やパフォーマンス能力を

（たいていはごく限定的に）妨げるので、時として注意が必要だ。この場合はそれらの障害を取り除くか、最低でも和らげるかして、当人が元のパフォーマンスレベルに戻れるようにする。残念ながらメンタルヘルスの症状が深刻なケースもある。それは時と相手を選ばない。しかし私のクライアントはそういう人たちではないし、本書で焦点を当てるのもそこではない。

メンタルヘルスや心の健康に関しては、心理学や精神医学、カウンセリング、サイコセラピーなどの分野が渾然一体となり、その範囲や技能が同一視されているように思える（本当はそれぞれ異なるのだが）。理解が進み、考え方も変わってきたとはいえ、いまだに多くの人が「心理学」と聞くと、満足感や成果よりも病気や問題を連想する。私のクライアントが求めているのは前者であり、本書もそれがテーマである。

クライアントとは都心にある私のオフィスで会うこともあるが、どちらかといえば、日当たりが良くリラックスできる静かな部屋ではない場合が多い。私たちが会うのは、試合中のフィールドの脇だったり、練習中だったり、あるいはロッカールームやオフィス、ホテルのロビー、飛行機、バス、ジム、食事の席、ディナーパーティーなど、あらゆる場所に及ぶ。騒がしかろうがどうしようが、ちょっとした時間と場所を見つけて、散漫になった気持ちに対応したり、すでに自信がある場合はそこに微修正を加えたりする。

私たちは話し合う。こちらが聞き役になることが多い。たくさん質問をして、その人がリラックスした状態のとき、また集中できない難しい状況に置かれたときにどう考え、感じ、振る舞うかを知る。その人にとって何が役立ち、何が阻害要因になるかを両者が理解すれば、どの行動やパターンを支援すればよいか、逆に何を抑制すればよいかがわかりやすい。

クライアントと私はパフォーマンスのあらゆる側面について話す。最高のパフォーマンスを出したいときの思考法（思考しない方法も含む）について話し合う。彼らはみんな、パフォーマンスで大事なのは感情のコントロールであることを理解し、気持ちではなく行動に注意を向けられるようになる。

例えば、ある神経外科医は、パフォーマンス心理学が現状からの改善に役立つのかに興味があった。今の仕事ぶりにとりたてて問題はなかったが、自分自身やその技能、手術室での振る舞いにさらなる改善の余地がないだろうかと考えていた。

高校生や大学生には、試験の前から「しくじったらどうしよう」と悲観することに貴重な時間を使うのではなく、試験中にどうすれば落ち着いて能力を発揮できるかを教える。

ある金融アドバイザーは、支配欲が強く、なにかといちゃもんをつける上司への対応に悩んでいた。これは非常によくある相談だ。様々な職業の人たちが、嫌な上司、気難しいコーチ、威圧的な両親をなんとかしたいと考えている。

病気やけがなどの場合はどうか。健康面の問題はアイデンティティを損なう可能性があり、回復が長引けば自信が失われる。ある若いクライアントは本書のメソッドやアイデアを用いて化学療法を無事乗り切った。転倒して危うく死にかけた後、同じメソッドを試すようになったオリンピックスキーヤーもいる。彼は国際レースに復帰し、優れた成績を収めている。タフなことこの上ない。

クライアントは経験豊かなプロフェッショナルのこともあれば、意欲的なティーンエイジャーのこともある。一流のトップ選手だったり、居場所を求めて思い悩んでいたりする。全員に共通するのは、結果を求めているということだ。順調に人生を送っている成功者も少なくないが、彼らは彼らで最高のポジションにまで上り詰めたいと考えている。ベストパフォーマンスのカギは精神面だとわかっている。そして困難な状況の中で実力をもっと発揮すれば、その取り組みにもっと満足する。こうした満足感や達成感はつまり能力の上限にまで近づいたということであり、それはたいてい結果の向上を意味する。そして最高の気分を味わえる。

私のコンサルティングの対象は個人に限らず、チームや組織も含まれる。だから特定の個人から連絡をもらうこともあれば、代表者・代理人であるコーチや社長、監督、エージェント、保護者、配偶者、管理者、雇用者、同僚から連絡を受けることもある。理学療法士、医師、スポーツ科学の専門家、トレーナーなどの医療関係者から紹介されることもある。私のオフィスでクライアントに会うだけでなく、様々な競技の様々なチームにこちらから出向くし、それ以外の組織の相談に乗ることも多い。定期的に赴くこともあれば、必要が生じたらすぐ駆けつけることもある。

例えばＮＦＬのあるチームの場合、選手にパフォーマンス心理学のサービスを提供してほしいと連絡してきたのはヘッドコーチだった。彼は朝のミーティングで選手やスタッフに私を紹介し、みんなと話す時間をつくってくれた。おかげで彼らが関心を持つ（と信じたい）私なりのプランをさっそく練ることができた。他のチームでもだいたいそうだが、私はシーズン中、１、２週間おきに現地を訪れて数日間滞在する。その間に経営陣と打ち合わせをしたり、試合の日や練習中に選手やスタッフと話したり、食堂でもどこでもいいのだけれど、今後の作戦について検討したりする。

それほど好意的ではない組織もある。経営者は私を雇いはしても、ロッカールームのほうを指差して「じゃ、頼んだよ。グッドラック」としか言わない。ＮＨＬのあるチームを予定通り2週間ぶりに訪れたのは、ヘッドコーチが解任された翌日だった。新しいコーチはオフィスで仕事の準備に追われていた。私はシーズン後半に向けた自分の役どころを尋ねにいったのだが、返ってきた答えは「知らんね。『べっぴんさんにそばにいてほしいか』と奴ら全員に訊いてみないとな」。

侮辱のつもりだったのだろうが、その偉そうな態度は彼の本質を示しているというよりも、新しい仕事で緊張を強いられている表れなのではないかと思った。私はどうか選手に尋ねてほしいと頼み、数日後別のクライアントのところへ出かけるまでに方針を決めてほしいと言った。

出だしはそんな感じだったが、その後はスムーズに事が運んだ。この新任コーチは「心理学」なんて誰にも必要ではないと考えていたものの、私のメソッドをシンプルで何度でも使え、信頼できると見なした。最後には自分自身にも取り入れるようになった。パフォーマンスを高める必要がある選手、ベンチで最高の助言をしようとするコーチにとって、向上心は役立ちこそすれ決して邪魔にはならないことを彼は知った。さらに、面倒なフロントとの関係が円滑にいくよう、新しい方法をいろいろ試したりもした。実のところ、このコーチとの仕事はプロスポーツの分野で私が最も楽しんで取り組めたもののひとつであり、ふたりは今も良い友人である。

私はチームの新人たちに向けてプレゼンテーションをすることもあれば、医学カンファレンスのパネルディスカッションで自分のやり方を説明することもある。しかし最も効果的なのは1対1の話し合いだ。経験によれば、職業やパフォーマンスレベルを問わず、他人の長すぎる話に耳を傾けたい人はいない。みんな自分のことを話したい。そして何が役に立つかを知りたい。今すぐ解決したいという人も少なからずいるのだが、たとえストレスの多い状況下であっても、その場で成し遂げられることがけっこうたくさんあることに、私自身いつも感銘を受けている。本書は読者が感じる重圧に対する、そうした簡潔で確かなソリューションを提供するのが狙いである。プレッシャーを感じるときこそ、そんな解決策が必要とされるのだ。

私はどんなクライアントにも、人に頼らず自分で決められるパフォーマーになってほしい。つまり、プレッシャーを受けても適切に行動できるよう自分自身をコーチできる人だ。狭苦しい思考や嫌な心配事をすぐに克服できる人だ。24時間年中無休で心理学者に頼ってコーチしてもらう必要はない。感情的な負荷がどんなに大きくても、思わぬ事態に自ら対応できなければならない。どのみち、試験を受けるのも、やかましい上司に対処するのも、あなた自身なのだから。

才能や能力がパフォーマンスを阻むのではない。能力をすぐに引き出せないからパフォーマンスが低下するのだ。優れたパフォーマンスは（まずまずのパフォーマンスも）メンタルアプローチが明確なとき、少なくとも障害や邪魔にならないときに発揮される。能力レベルにかかわらず（もっと高いに越したことはないけれど）、プレッシャーがもたらす難局を精神的にうまく乗り切れたとき、最高のパフォーマンスは手に入る。

私たちは誰もが満足し、自信を持ちたいのに、もっと幸福で満ち足りた人生を送るにはどうすればよいかを話し合うとき、不安に伴う「メンタルノイズ」との闘いは驚くほど見過ごされている。ストレスや不安を感じていても、仕事で成果をあげる、子どもの気持ちを敏感に汲み取る、面接やビデオ会議でうまく話す、ゴルフコースで好スコアを出す……そのどれもが日々の暮らしで活力を保ち、精神的に健康でいるための優れたきっかけとなる。

以下の各章のテクニックやメソッドを用いて、ぜひ行動を起こしてほしい。章ごとにひとつのコンセプトを扱っているので、すぐにでも生活に取り入れられる。能力を最大限発揮したいなら、迷うことはない。必要なものはここにある。

最高のパフォーマンスを実現するのに最もふさわしい方法をお伝えしたい。私が長年積み上げてきた技法や、クライアントの実例をもとに、誰もがスキルや努力を最大限活かすことができると知ってほしい。名前を変えたりはしているけれど、本書の事例はどれも実際のものだ。どんな人にも調子の良い日と悪い日があり、そんな日に経験する「感情の化学反応」について知ってもらいたい。そして、人生をもっと良くするために必要なことを、簡潔にわかりやすく説明したい。本書はすべての人に当てはまる。なぜなら、世界最高レベルのパフォーマーが用いる方法はあなたにも効果があるからだ。

パート1では、パフォーマンスを検討するに当たって知っておくべき考え方を紹介する。好結果を出すためには自信がなくてはならないか？　いや、そんなことはない。重圧を感じると落ち着きがなくなり、つい失敗してしまうという事実を本当に変えることができるのか？　もちろん、できる。パート2では、（1年後ではなく）今すぐ結果を出すためのメソッドや実践法を紹介し、あなた自身のパフォーマンスプランの立て方を伝授する。巻末には、自分のパフォーマンススタイルをもっとよく理解するためのヒントやセルフチェックを用意した。

興味の赴くまま、好きな章を拾い読みして構わない。満足や成果への道はひとつとは限らない。本書をあなたのパーソナルコーチと思ってほしい。何か大事なイベントに備えて読んでもいいし、必要に応じてフィールド脇で斜め読みしてもいい。すべてのメソッドをマスターする必要はない。まずはひとつ選び、試してみよう。すべてはそこからだ。

パフォーマンスについて次のように主張する本を見ると、眉に唾をつけたくなる。自分が強いライオンだとイメージするだけで魔法のような成果と揺るがぬ自信が今すぐ手に入る！　ガムをかめば集中力が増し、気が散らなくなる！（このアドバイスは本当に聞いたことがある）「素晴らしい人生を送ろう」「望めば何でもかなう」みたいに自己啓発を促そうとするノイズやスローガンは真に受けないことだ。実のところ、私はあなたを気持ちよくさせることに関心はない。ただ、結果が出ればあなたがそうなることはわかっている。本書は、いざという時に持てる力を最大限発揮できるようにするためのものだ。

本書で紹介するのは他の人たちの経験だが、あなたもぜひ自らのパフォーマンスについてしばし思いをめぐらせてみてほしい。重圧の中でも変わらず頭脳明晰でいられるか？　いつも冷静で、目の前のタスクに集中できるか？　狭いフェアウェイでロングショットを打つときも、同僚にプレゼンテーションするときも、自分のスキルをずっと信頼できるか？　もしそうなら、その調子でがんばろう。しかし、すべての人が向上できる。たいていの人はもっとパフォーマンスを高めることができるし、もっと冷静でいられるようになる。その際、本書の実用的なメソッドがきっと役に立つ。どのメソッドもプレッシャーがかかる場面で実証済みだ。とてもシンプルで、とても効果がある。

重圧がかかる状況でのパフォーマンスの良し悪しに関して、あなたなりの考えや恐れ、振る舞いを、本書では何はばかることなく振り返ることができる。私のクライアントと同じような経験をしたときは、各章のアドバイスがまさしく助けになるだろう。いずれにしても、本書でお伝えする一つひとつのことが、あなたをきのうよりも向上させることを願ってやまない。

自分を高めようとするのは勇気が要る。結果が人生に大きな意味を持つ場合はなおさらだ。アイスタイム［氷上でのプレー時間］を増やそうとするホッケー選手と、試験の準備をする学生には共通点がたくさんある。会議室で、手術室で、あるいはオーディションでもっと安定したパフォーマンスを出せれば、それこそ人生が変わる。口うるさくて面倒なチームメートへの対処法を考えるNFLのクオーターバック（QB）であっても、大事な試合の前に息子を落ち着かせてやりたいと思い悩む親であっても、大事なのは、集中力や冷静さを高められるように自らを導き、他者を導くことができると知ることである。

パフォーマンスは必ず改善できる。クライアントのひとりで元気あふれる人物が、よくこんなふうに言う。

「持てる力を目一杯発揮しなきゃダメよね！」

おっしゃる通り！

日本語版発行に寄せて

私たちは誰もがなんらかのパフォーマンスと関わっている。誰もがプレッシャーや不安に直面し、ベストパフォーマンスが出せたときの満足を得たいと考える。私はこの20年間、経営幹部、外科医、プロスポーツ選手、オリンピック選手、病気に立ち向かう人、学生、親、その他いろいろな人たちの相談に乗ってきた。企業のマネジャーはチーム内のあつれきを冷静かつ見事に鎮めたいと考えるかもしれないし、速球を思うように操れない大リーグのピッチャーはマウンド上で集中力を研ぎ澄ます方法を学ばなければならない。私のクライアントはみんな最良のパフォーマンスを発揮したい、結果を出したいと考えている。

どんな人でも、どんな仕事をしていても、ハイパフォーマンスをもたらす同じメソッドがすべての人に有効であることを、私はこの仕事から知った。

重圧下でのパフォーマンス、それはつまり一人ひとりがハイパフォーマンスを発揮することに他ならない。良い結果を出したければ、自身の振る舞いを見つめる必要がある。どんな思考や行動が優れたパフォーマンスを可能にしているのかを知り、反対に、どんな思考や行動がいざという時に集中力を削ぐのかを判断しなければならない。本書を読めばそれがわかる。パフォーマンスの阻害要因をなくすにはどうすればよいか、ちょっとした変化で生産性を高めるにはどうすべきか。大事な瞬間に実力を100%発揮するためのあらゆる手法が、本書には詰まっている。

自分を今以上に高めようとするのは勇気が要る。集中力を高め、自分を信じられるようになろう。ここぞという本番に能力を全開にするため！

パート

1

神話のウソ

第1章 ハイパフォーマーの秘密

その日最初のインタビュー相手がドアをノックする。私はNBAのドラフトコンバインでまたシカゴに来ている。きちんとした身なりの20歳の青年が微笑みながらドアをくぐり抜け、ホテルの部屋の会議用テーブルに並んだ椅子のひとつに体を折るようにして腰かける。彼はもう笑っていない。なぜなら私が心理学なんてものを手がける恐ろしい女だと思っているから。そこで私は本題に入る。「よくお見えになりました。このミーティングは私たちふたりだけです。スカウトもいなければ、コーチも経営サイドの人間もいません」。そして事前に説明する。「私はパフォーマンス心理学者で、あなたを知るために最善を尽くします。心理学の視点から、あなたがどのような人なのかを明らかにしたいと思います」。彼は肩の力を抜き、またどうにか微笑む。

まず目の前のコンピューター上でいくつかの質問に答えてもらう。15分後に回答が終わったところで、正しい評価を下すため、回答内容についてふたりでおしゃべりする。引っかけ問題みたいなものはないとも伝える（本当にない）。与えられた30分で彼のパフォーマンススタイルを読み解かないと、次のインタビュー相手が来てしまう。

重圧の中でも生まれつき優れたパフォーマンスを発揮できる人がいる。特にスポーツやビジネスの世界では、一貫して高いパフォーマンスを出せる人を探し出すのが重要だ。優秀そうな候補者、こちらを失望させない、リスクの少ない候補者は誰か。組織の文化に合いそうなのは誰か。うるさく監督する必要がなさそうなのは誰か。組織の側は常に最良の人材を探し、育てようとしている。しかし、その人材の長期的なパフォーマンスを理解するのも重要である。言い換えれば、投資に対するリターンを最大化したいのだ。

NBAのチームは選手の選抜に際して、ジャンプ力から身長（靴を履いたときと履かないとき）、手の長さまで、あらゆる要素を測定、テストする。健康状態、ゲーム統計データ、ソーシャルメディアでのプレゼンス、コート上での練習やミニゲームも評価される。探偵を雇って、その選手の経歴について「身体検査」することも少なくない。実にたくさんのデータが検討され（有用なデータもあるが、そうでないものも多い）、選手の能力やポテンシャルを最大限予測できる「変数」を特定しようとする分析が当たり前のようになっている。

でも、パフォーマンスの差異を本当に決める要因は何だろう？　誰がチームや組織に貢献しやすいかを見極めるポイントは何だろう？　「才能」というのが簡単な答えだが、それは必ずしも正しくない。ベニーのＮＨＬでのキャリアを見れば、それがわかる。

才能豊かな選手に何が起きたか？

プロホッケー選手になって6年、ベニーは輝きを失い、周囲からも歓迎されなくなっているように感じていた。何かがおかしかった。自分では問題なくキャリアを重ねていると思っていたのだが、コーチングスタッフも経営サイドも、さらにはマスコミさえも彼のチームへの貢献に疑問を呈し始めていた。なぜもっと点を取れないのか？　なぜ練習に遅れるのか？　なぜプレーオフの最中にペナルティーを受けてしまうのか？

ドラフト上位で指名されたベニーは氷上でもっと有能なはずだった。スカウトが作成したレポートでは、彼のスケーティングはスムーズで、ゴール周辺でのスティックさばきは熟練の域とされていた。「尻がでかい」との記述もあった（本当の話である）。これはどうやらパックをなかなか奪われないという意味らしい（この手の記述は客観的な選抜データというよりも「オモシロ情報」くらいにとどめてよいのではないかと思う）。スカウトと経営幹部がインタビューしたときの印象では、ベニーはおおらかで話し好きな男だった。人を喜ばせようとするタイプに思えたので（所詮はインタビューである）、自信に満ち、指導しやすい選手だと見なされた。貴重な戦力になると予想された。

そんなベニーに何が起きたのか？　技量に見合った働きができなかったのはなぜか？　スカウトや経営陣が見誤ったわけではない。確かに技量は優れていた。しかし彼のリストショットの見事さに見ほれる一方で、その人格特性を見過ごしていた。ドラフトに先立つパフォーマンススタイルに関するレポートでは、問題が浮上する可能性が指摘されていた。彼は我慢強くなく、フラストレーションを感じやすく、氷上で即断する傾向があった。非常に短気で、大事な試合の大事な場面で不要なペナルティーを食らいやすかった。プレッシャーの中で緊張してしまい、しかもそういう時の対処法を訓練されていなかったからだ。やるべきことに集中し、勝手な行動を慎むようにというコーチの要請にも取り合わなかった。

ヘッドコーチは氷上でのベニーをもはや信用していなかった。経営陣もお手上げの状態だった。もう彼から得るものはない、これ以上その育成に時間や労力をかけたくないと考えていた。すっかり失望した彼らはベニーをトレードに出した。彼の能力は変わっていなかった（むしろ実力はアップしていた）が、パフォーマンススタイルも変わっていなかった。自分の行動についてじっくり考え、プレッシャー下で自分をコントロールするのが苦手だった。チームは、才能がトップレベルなら大丈夫という近視眼的な判断を下していたのだ。

才能があるからといって成功するとは限らない。ベニーの対極ともいえるのがコールの場合である。

才能の評価が高くない選手に何が起きたか？

コールはベニーに比べて相当下位でドラフト指名された。スカウトの評価も平凡だった。ベニーと違って、看板選手になるとはとうてい予想されていなかった。しかし、このチームは進歩的で、もう一歩踏み込んだ選抜をしようと考えた。私は彼らにレポートを提出すると同時に、競争力、判断の精度、努力の質など、候補者の様々な行動特性を評価するためのパフォーマンススタイル・ツールの作成にも取り組んでいた。コールは取り立てて才能があるわけではなかったが、心理的属性に関しては結果的に全体のトップだった。身体的な才能はさほどでもないが、自制心や意欲に優れていることから、チームは最後の指名選手のひとりに彼を選ぶことにした。

コールのメンタル面、パフォーマンススタイル面の特徴は実に素晴らしかった。我慢強く、コーチの指示に耳を傾け、氷上でパニックに陥らない。真剣にトレーニングに取り組み、自分のプレーを修正するための分析を怠らない。練習には時間通りに現れ、最良のコンディションを保ち、弱点の克服にも余念がない。そのように一貫した姿勢のおかげで、ポテンシャルを最大限発揮することができた。指名したチームでさえ驚くほどだった。彼はスーパースターになった。チームスタッフは彼のホッケーの能力こそ過小評価したかもしれないが、逆境を乗り越え、自分自身やチームメートに最高レベルのパフォーマンスを求め、シーズンを通して集中力を維持する能力は見抜いていた。要するに、才能がすべてではないということだ。多くの人が彼のポテンシャルを見過ごしたのである。

あなたのパフォーマンススタイルは？

簡単に言えば、あなたのパフォーマンススタイルは、あなたをあなたたらしめているものだ。自分が元来、仕事の上で、また生活一般においてどのような振る舞いをするかは、プレッシャー下のパフォーマンスを知る大きな手がかりになる。自身の最も特徴的な行動を理解していないと、ハイパフォーマンスの要因や、これから待ち受ける課題への対応策を見誤る可能性がある。どんな行動がパフォーマンスを高めるのか（または低下させるのか）を知り、その上で、どんな状況でも好結果を出せるようにアプローチを修正しよう（または完全に変更しよう）。本書ではどうしたらそれができるかを説明するが、まずはあなたの「自然な反応」（生まれつき備わった反応）について理解しよう。

自身のパフォーマンススタイルを考えてほしい。ミスをしてもすぐ立ち直ることができるか、それとも自己批判ばかりして身動きがとれず、パフォーマンスを発揮できないタイプか？　正しいけれどネガティブな意見を言われたら、どう反応するか？　必要な場合は冷静でいられるか？　先行きが不透明なとき、意を決して前進するか、それとも様子見を決め込むか？　こうした自然な反応のうち、どれがつまずきの原因になるかを理解すれば、もっと効果的な対応ができるようになる。

例えばアイデアを発表するとき、あれこれ言われたくなくて受け身になりがちなら、もっと押し出しを強くし、反論されても一歩も引かないくらいの態度を身につければいい。あまりに無口で控えめな人は、効果的な自己表現の方法を学べばいい。周囲とゴタゴタを起こすことなく厳しい締め切りを守ろうとしている人もいるだろうし、次の5キロレースでは失敗を恐れず、トレーニング通りの走りで今度こそ自己ベストを更新したいと考えている人もいるだろう。パフォーマンス目標がどんなものであれ、生まれつきの能力を引き出せるよう、じっくり考えてみるといい。そしてこれが大事なのだが、どの行動や傾向を修正すべきかを見極めることだ。

あなたはどんなパフォーマーだろう？　もともと積極的に主張できるタイプなら、決定を下し、それを行動に移すのも苦にならない。自分の選択に責任を持ち、説明をいとわない。もめ事に真正面から対処し、難局に毅然と立ち向かう。相手を強く激励し、仕事を任せる。困難な課題に率先して取り組む。上司に対して、自分への態度が高圧的すぎる、あるいはもっと責任ある仕事がしたいと訴えるときも、はっきりものを言うが礼節はわきまえる。総じて、責任を引き受け、物事を成し遂げる。

ただし、どんなパフォーマンススタイルにもマイナス面があるので注意が必要だ。積極的に主張できるタイプの人がストレスを受けたら、何かしら力を失ったように感じるかもしれない。相手に要求しすぎたり挑みかかったりしないように気をつけ、時にはぐっとこらえなければならない。論争を吹っかける前に話をじっくり聞き、命令ではなく提言を心がける。相手に意見を言わせ、見下した態度をとらない。譲歩・妥協し、見解の相違を認め合えば、不要な論争を回避できる。

受け身的な性格の場合はどうか？　温和で謙虚な人、精神的に落ち着いていて他人の助けになるような人は、プレッシャーが少ない環境のほうが快適で、生産性も高まる。計算ずくでいろいろなことに挑戦するが、リスクには慎重に向き合う。相手にしゃべってもらうほうが気楽で、対立や衝突の必要性を感じない。人を信用するタイプで、調和的な環境でこそ成功を収める。

しかし、時として意見の不一致は避けられない。必要に応じて問題に対処し、相手に反論する心構えが求められる。折れてばかりいず、控えめであることに抵抗する必要がある（尻込みしていると欲求不満になりかねない）。冷静さを保とう。誰かが気づいてくれるのを願って自分の考えを遠慮がちに述べるのではなく、思っていることを口に出す練習をしよう。自分をどう見せたいかを考え、どんな反応をするべきか心の中でイメージしよう。

心変わりが激しい人はどうか？　このタイプの人は衝動的で情熱的かもしれない。もしそうなら、何ごとも変化に富むのが好きで、多種多様なタスクにうまく対応できる。結果を求め、毎日20以上のことをやり遂げる目標を立てる（それができないといらいらする）。休みなく動き回る。活力にあふれ、切迫感を抱き、いつも行動していたい。優先事項の変化にも問題なく順応する。現状維持に我慢できず、興味がないものには特に飽きやすい。

マイナス面は、怒りっぽく、すぐにいら立つこと（たいていはすぐ回復するとしても）。即断しすぎないよう注意する必要がある。あと少し我慢し、粘り強くなれば、もっと良い結果が出るはずだ。プレッシャーを受けると集中力がなくなりやすいことを自覚し、それを克服するための計画を立てよう。

もっと気持ちが安定し、寛容で協力的な人もいるだろう。我慢強く、人格の一貫性があるため、人の話をよく聞き、手を差し伸べ、もの静かでいることができる。もともと冷静で落ち着きがある。長い間じっと集中しているのが好きである。再現性や予測可能性の高さを心地良く感じ、思わぬ変化があるといらいらしやすい。仕事ですぐに成果を求められたり、チームメートが注意散漫で衝動的だったりすると、ストレスを感じやすい。

型通りの作業や計画立案が得意である。それゆえ、上司がやって来て仕事の中断を命じられ、ある問題の解決策について今すぐ意見を出し合ってほしいと言われたときの対処法も考えておいたほうがいい。素早い行動を心がけよう。自分なりのスケジュールを立てよう。我慢しすぎるとチャンスを逃すことがあるので、未知のものも受け入れる訓練をしなければならない。

社交性や説得力の高さから生じるパフォーマンススタイルもある。友だちと親しく付き合い、新しい友人を求める。人に好かれたいと思い、取り残されたり無視されたりするのを嫌う。お人よしで気軽におしゃべりでき、みんなにチャーミングと思われる。見栄えを気にし、自分の才能に気づいてほしいと考える。

これは天賦の才だが、大切なのは人づきあいにおいて客観的になろうとすることだ。饒舌《じょうぜつ》になりすぎると重要な何かを見逃すかもしれない。楽観的なのにも程があると知り、常に現実的でいられるようにしなければならない。時にはふざけるのをやめ、やるべきことにあらためて集中しなければならない。

逆の場合はどうか？　つまり単独または1対1で仕事をしたがる真面目な人だ。無口で恥ずかしがり屋で内省的。疑い深くもある。最高のコンディションで活動するために独りの時間を大切にする。事実を重んじ、問題解決や分析を好み、何度も繰り返し考える。

ただ、たくさん話したほうがコミュニケーション向上の助けになる。計画が不確かなときは質問しよう。その際、ボディーランゲージも使い、相手の目を見ながら抑揚をつけて話すといい。にっこり笑うのもいい。すると双方の緊張が解ける。これはパフォーマンス向上を助けこそすれ、妨げはしない。

確かなルールを重んじる人もいるだろう。環境がきちんと整い、期待されることが明確なときに最良の結果を残す。細部にこだわり、自己批判しがちである。何ごとにつけ、ハイパフォーマンスを出せる可能性が高くないとチャレンジしない（この傾向は周りの人にも波及する）。大小あらゆることを過剰に心配し、優秀でありたいから（または人より劣るのが嫌だから）、批判されると落ち込んでしまう。

自分と違う意見に敏感になりすぎ、自己弁護に走ってはならない。あなたのことを思っての発言かもしれないからだ。他者を批判しすぎてはならず、「完璧な正しさ」を求めてばかりではいけない。いつも決まった方法で物事に取り組む必要はない。新しいアイデアにも心を開き、常に大局観を持とう。頼れる人には相談しよう。アイデアを伝えたり、仕事ぶりをチェックしてもらったりしたら安心できるだろう。

あまり見られないのは、完全に独立したタイプだ。独立独歩を好み、逐一指示を受ける必要がなく、指示されて安心することもない。要点を飲み込んだら迷わずトライし、その結果をもとに調整を図る。意見表明したがり、自説にこだわる。完璧主義者と評されることは決してない。むしろ細かいことが多すぎるとストレスを感じる。納得できないルールや命令などお構いなしで、自分なりの回避策を講じようとする。木を見ず森を見るタイプなので、細かい点を忘れ、「重要でない」小さなタスクをなおざりにした結果、時々痛い目に遭う。このような人は、時間をきっちり守り、他の人たちが大事にする細部に目を配ることで、パフォーマンスが大いに向上する。

以上が私の知る一般的なパフォーマンススタイルである。自分はこれにぴったりだというものがあるかもしれないし、いくつかのタイプに少しずつ当てはまるケースもあるだろう。いずれにしても、今すぐ自分自身のスタイルをよく理解し、才能の妨げになる行動を把握しなければならない。優れたパフォーマンスをあげる人は、生まれつき備わった反応をいざという時に修正している。頭を使っている。どんなタイプの人もハイパフォーマーになれる。本書を読めば、その方法がわかる。

はっきり言っておくと、パフォーマンススタイルの中には、あなたにとっても周りの人にとっても比較的望ましいもの、身につけやすいものがある。しかし、すべての人がそれをものにできるとは限らない。逆境をやすやすと乗り越え、結果を出すように見える人がいるのは間違いない。それはそれで素晴らしいことだ。しかしそうでない私たちは、自分の生まれつきの傾向を抑える努力をしなければならない。ただし「近道」を知らないと、それは容易ではない。その近道を私は「ディファレンスメーカー」（違いを生み出す決め手）と呼んでいる。

第2章

ディファレンスメーカー

遠慮がちな人と強引な人、もの静かな人と社交的な人、臆病で緊張しやすい人と冷静で寛容な人。パフォーマンススタイルにはいろいろあるが、これひとつで成功(失敗)間違いなしというものはない。しかし中には、あなたを確実にレベルアップさせる特徴やスタイルがある。だったらそれを頻繁に取り入れない手はない。

人格を変えろと言っているのではない。それは無理だ。そうではなく、特定の事象や状況に応じてギアチェンジしてはどうかというのだ。その後はまたいつもの素敵な自分に戻ればいい。これはごまかしではない。ハイパフォーマーが自分の能力を最大限発揮しなければならないときにしていることだ。

行動を起こす

　用心深い人、多くを求めない人、または控えめな人、つまり「安全第一」で、状況をよく調べてから行動する人には、このディファレンスメーカーがまさにおすすめだ。意外なことに、トップパフォーマーの多くも本来は温厚で控えめな性格である。しかし、彼らは傍観ではなく行動する方法を学んでいる。難局にも気後れせず、アクションを起こす。ただし、絶えず行動しているわけではない。やるべきことをやるために何が必要かを心得ているのだ。

　あなたの生来の「自己主張レベル」は10段階でどの程度だろう？　どちらかといえば遠慮がちな「3」だとしたら、行動を起こし、仕事をうまくこなすために「10」を目指す必要はない。そんなことをしたら好戦的・高圧的なタイプになりかねないし、誰もそれを望んではいない。行動や成果を求めるなら「5」か「6」で十分だ。

　リッチーもそんなひとりだった。私は2週間前に彼が所属する大リーグのチームと仕事を始めたばかりだった。トレーニングルームに足を踏み入れると、選手たちがナイターに備えて体のケアを受けていた。すると、リッチーが「やいダナ、気がヘンになりそうだぞ！」と大声で叫ぶのが聞こえた。私は笑ったけど、彼が真剣なのを知って「オーケー、正気に戻しましょう」と言った。その夜の先発投手として心の準備ができていないのか、それとも野球以外で何か問題を抱えているのかはわからなかった。いずれにしても試合開始は迫っており、彼はハッピーではなかった。

15分くらいしか時間がなかったので、急いで話をすることにした。ダグアウトでリッチーに「どういうこと？」と尋ねた。自分でもよくわからないのだが、これから先発で投げることがストレスになっていると彼は言った。それまでの数試合について詳しく尋ねると、「ここ2試合の先発は今シーズン最悪の出来だった。なので今はマウンドに立っても集中できないんだ。まるっきり焦点がぼやけた感じで」という答えが返ってきた。ストライクが入るとは思えず、ワイルドピッチをして早々に降板させられるイメージしか浮かばないようだった。

2時間後にはマウンド上でしかるべく行動できなければならない。そこで、失敗の不安から脱するため、この試合では「きちんと投げる」ことだけに集中しようということになった。彼は思い出した。マウンド上で「体が前に突っ込むのを我慢」したとき、それからキャッチャーミットをめがけて「リリースポイントをできるだけ前」にしたときには、いつもボールをうまく操れていたのだ。

この短い会話の中でリッチーは躊躇《ちゅうちょ》を捨てて決断を手に入れ、何をもっとしなければならないかを理解した。結果、予定通り5回を投げ抜いて勝ち投手になった。行動を起こすことがリッチーの人格を変えたわけではない。それは彼が生まれつきの特性を克服し、パフォーマンスを改善する手助けをしたのである。

ゆとりを持つ

重圧下で結果を出せるかどうかは、感情をコントロールできるかどうかにかかっている。感情をコントロールするには、その前提として雑念を払い、平静さを保つ必要がある。心を落ち着かせ、すぐに冷静さを取り戻し、忍耐強く行動することができれば、緊張が和らぎ、自分自身を制御しやすい。心にゆとりを持てば、気分の悪さが軽減し、ストレスや心配が緩和される。心を落ち着かせるとはつまり、言い争いを避け、即断を控え、気持ちの高ぶりを抑え、目の前の仕事に長く集中することだ。ゆとりを持つことで自分自身の改善ポイントがわかる。

テリーは連邦裁判所の判事になって3年。てきぱきと精力的に仕事をこなしていた。法廷の運営には自信があった。入念に準備し、関係者とのやりとりもスムーズかつ親身に行った。ただ、ひとつだけ問題があった。弁護士の準備不足を見てとると、持って生まれた活力や寛容さが一気に失われるのだ。遅刻、書類をパラパラめくる音、ファイルの紛失、遅い返答……そのどれもがテリーを即刻いら立たせた。それで世界が終わるわけではないけれども、その怒りは彼の振る舞いにマイナスの影響を及ぼした。彼はそれが嫌だった。この状況に陥ると、テリーは神経質になった。椅子に座ったまま身を乗り出し、両目を細め、口を引き結ぶ。口調は厳しく、素っ気ないものになる。相手が口ごもると叱責する。そんな時、彼は敏感になり、客観性を失った。この時だけはフラストレーションを感じ、集中できなかった。

私たちはこの大きなディレイラー［注意をそらし集中力を低減させる要因］について分析し、すぐ採用できる解決策について話し合った。まず、外見的な振る舞いを直さなければならない。彼は背筋を伸ばして座り、肩をそびやかすのをやめ、口元を緩めるよう自分に言い聞かせた。そんなふうにほんの数秒間、身体的な調整に意識を集中することで、独特の「戦闘モード」を回避できるようになった。それから、ぞんざいな態度をとらないよう、やはり自分に言い聞かせた。あの弁護士は経験が浅いだけかもしれないし、整理整頓が苦手なのかもしれない（その両方もあり得る）。テリーや法廷を意図的に冒瀆《ぼうとく》しているわけではない。すると、必要なら自身を律することも、無視して先へ進むこともできるようになった。どちらにしても彼は、パフォーマンス低下につながる感情的な回り道を避けるため、落ち着いた口調を保ち、目の前の仕事に集中することを自分に課した。

じっくり耳を傾ける

口数を減らしてもいいし、黙っている時間を増やしてもいい。相手への応答が5秒遅くなる場合でも、関心のなさではなく信頼の大きさを伝えることができる。もう少し長く話を聞けば、言葉に込められた意図を理解し、間違った思い込みをなくし、客観的な判断に役立つ情報や感情を吸収することができる。

聞き上手でない人は、誰かに一方的に話しかけたり、自分のことばかりしゃべったりする傾向がある。人の話を遮る。会話が途切れるのを待って同じ話を蒸し返す。次に何を話すかに気をとられる。あるいは無関係なことを考えてしまう。人の話にきちんと耳を傾けないと、有益な（または有害な）情報を判別できない。重要な細部を把握できない。聞き上手という点では、ほとんどの人がどちらかというと物足りない。

ＮＨＬの有力チームのヘッドコーチであるマットは、ボスらしいボスになることを本気で目指していた。試合の間、彼は選手時代のコーチたちと同じように怒鳴り、罵り、叫んだ。絶えず審判に詰め寄り、アシスタントコーチの意見を無視した。氷上の選手を批判したが、それが耳に入るのはベンチにいる選手だけだった。やがて選手たちは、交代の選手が氷上へ出ていくと、マットが聞こえよがしに彼らをこき下ろすことに気づいた。

アシスタントコーチとチームリーダーはすぐに自分たちのフラストレーションや懸念をマットに伝えた。ベンチの後ろでの彼の発言はチームを混乱させ、集中力を削ぐ。審判への抗議は結果的に不要なペナルティーにつながる。そうした指摘にもマットは一切動じなかった。「ヘッドコーチは俺だ。愚痴るのはやめて言うことを聞け」。彼は自分が言うべきことだけを重視し、チームのみんなから好戦的で批判的すぎると思われていることに気づかなかった。

選手たちはマットを無視するようになった。コーチングスタッフはミーティングで革新的なアイデアを出さなくなった。それ以前にとにかく協力を拒んだ。マットはちょっとした反乱に遭っていた。それもこれも人の話に耳を貸さなかったからだ。ここへきてようやく彼も態度を変えるつもりになった。

私たちは話し合った。その結果、彼はシンプルな「自戒の言葉」をいくつか紙に書き、それを試合中のベンチに持って行くことにした。「口を慎め、口を開くな、熱くなるな」というメッセージを、マットと私はいっしょに考えた。彼はコーチたちと約束を交わし、選手にもっと冷静な物言いをしてほしいとか、審判にたてつくのをやめてほしいと言われたら耳を貸すことに同意した。コーチの側も毅然とした態度で臨む必要があったが、この方法は功を奏した。マットはコーチたちにもっと意見を求めるようになった。おかげで彼らは一方的に話しかけられるのではなく、少なくとも議論に参加することができた。マットは選手たちと話すとき、なぜあそこでディフェンスを切り替えたのか、なぜあのパスをしたのかと尋ねた。選手が答えている間は、話を遮るのではなく、「聞いてやれ。話をさせてやれ」と自分に言い聞かせた。今でも選手を叱ることはあるが、少なくともそれはデータに基づいた指導になっている。選手たちは違いを感じた。マットは完璧でこそなかったものの、じっくり耳を傾けようとすることで、かつては消耗させていたチームのエネルギーを高めていた。

細部にこだわらない

几帳面な人は正確さを求める。ルールやシステムに従おうとし、秩序や体制と相性がいい。不確実性を許容できず、特に不慣れなことをするときは成功の確率が高くなるよう慎重を期す。自意識が強く自己批判的で、自分への期待を知りたがる。何ごとも最初から、そして毎回、正しく理解したいと考える。任された仕事は完璧にこなし、どんな間違いが起きそうかを正確に予想できる。

しかし、こういう人は細部にこだわり、細部にとらわれてしまう。自分にも他人にも非現実的な高い期待を寄せ、気難しく小うるさい奴だと思われる。大して重要でもない細部にあれこれ注文をつけすぎるので、周囲の人は集中すべきことに集中できない。さらに、ルールや意見をあまりにもたくさん押しつけるので、周りは欲求不満がたまり、敵意さえ抱く。どのタイミングで細部へのこだわりを緩めるべきかがわかれば、プロジェクトの進行がスムーズになるだけでなく、本人のパフォーマンスも向上する。

ブリットは一流企業のエンジニアとして活躍していた。この仕事に就いて4年。会社からの評価は極めて高かった。人と会うときは相手を敬い、洗練された物腰で接した。細かいことに目を配り、正確さを重んじた。完璧でないと許せないたちだった。状況を注意深く分析し、不調和を嫌った。必ず上司の承認を得てから、プロジェクトの次のステージへ進んだ。そしてついに仕事ぶりが認められ、ある重要なプロジェクトの責任者を任された。彼女は天にも昇る気持ちで、これからも成功が続くものと考えた。

しかし間もなく、ブリットは不安を感じ始めた。いつもスケジュール通り仕事を終えていたのに、今は残業に残業を重ねても後れを取ってしまう。いつもは上司に最終判断を委ねることができたのに、今は自分で決定を下さなければならない。締め切りが厳しいと、ミスするのではと心配になった。何度も何度も自分の仕事をチェックした。自分でやるほうが簡単で早いと考えたため、チームの他のメンバーに任せることをしなかった。メンバーの小さなミスを責め、それ以外の全体的な結果が優れていても評価しなかった。チームメンバーは何も学ぶことがなく、貴重な経験を積むこともできなかった。誰もがやる気をなくし、ブリットに信頼されていないと感じた。ブリットは権限委譲した上で指導・監督するのではなく、すべてをコントロールしようとし、結果的に仕事を先送りすることになった。細部にこだわりすぎて全体像を見失う、まさに木を見て森を見ずのタイプだった。

彼女の場合、細かい点を気にせず前へ進む必要があった。話し合いの結果（多少の言い訳も聞かれたけれど）、パフォーマンスを高め、プロジェクトを進めるための2つの方法が決まった。まず、最善の結果を出すには、たとえ自分でやりたい仕事でもメンバーで分担する必要があると彼女は理解した。プロジェクトのあらゆる側面を（重要性の低い小さな部分さえも）コントロールしたくなるのをぐっとこらえた。有能なチームであることはわかっていたから、メンバーに仕事を任せ、彼らのアイデアや進捗状況の検討にもっと時間を費やすようになった。

それから、意思決定をもっと速める必要もあった。彼女は完璧で批判のしようがないと思えるまで仕事を次の段階に渡そうとしなかったから、プロジェクトの進行が遅れがちだった。そこでチェックや再チェックの時間を減らし、極力気をもまないようにした。実際、それらの時間と回数に制限を設け、その数字に達したらおしまいにするよう努力した。さもないと、その時点で得られる情報をもとに意思決定するのではなく、裏づけデータをいつまでも探し続けていただろう。また、確信が持てない部分は信頼できる同僚にざっと見てもらうことにした。こうした外部チェックのおかげで、重要な決定を下さなければならないときに感じていた不安が軽減された。

細部にこだわらず、プロジェクト全体の管理をはかどらせる効果的な方法をブリットは手に入れた。締め切りはプレッシャーをもたらし、そのせいでブリットのような完璧主義者はもっとうまくコントロールすることに執着する。しかし彼女は、自分がどういう傾向を持っているかを把握し、それに対処すれば、今までにない安心感や活力が得られることを発見した。もちろんその安心感や活力は、チームのみんなも同じように感じていた。

我が身を振り返る

何ごとも常に「ばっちりうまくいった」と考えるタイプの人もいれば、終わってから深い安堵のため息をつく人もいるだろう。どちらにしても、そこから何を学べるかを振り返るべきである。何をどのように行ったかがわからなければ、改善のしようがない。我が身を振り返るには勇気が要るが、それが成功の近道だ。

ブレークと私の付き合いは長い。何年も前、まだ若かった彼女はある精神科医の紹介で私のオフィスにやって来た。不安症とパニック症に対する何か実用的なサポートができないかとの依頼であった。私たちは彼女の不安や懸念について話し合い、ストレスを感じたときに気持ちを落ち着かせるための方法を考えた。時にはオフィスから出て、その方法を実行に移した。バスに乗ったり、混み合う店でコーヒーを注文したりした。それは自立心を取り戻す助けになる。ミーティングではまず、この1週間でその方法がどのように効果を発揮したか、またはしなかったかを振り返った。このチェックが次への道しるべになった。厄介な症状をずっと落ち着かせることができるようになったので、私たちは互いをねぎらいながらお別れを言い、彼女はあらためて自分の人生を歩み始めた。

5年後、ブレークからまた連絡があった。がんを患っていてこれから治療を受けるのだが、心理学的な支援によってその不安や戸惑いを軽減したいとのこと。私たちは彼女のパフォーマンススタイルを再確認し、今回の場合、彼女がどんなふうにストレスを感じるかを予測した。私は最初の治療に参加させてもらい、彼女がどうすれば安心し、平静になれるかを話し合った。

毎回の治療の後、彼女は振り返りを行った。どれくらいうまく不安に対処できたかを評価した。落ち着いていられた要因は何か、緊張が高まったのはどんな時かを書きとめた。それから治療中や治療と治療の間に、呼吸法やイメージ法（文字通り様々なシナリオを想像する。第15章を参照）で心の準備を整えた。音楽を聴き、友だちを呼んでおしゃべりをした。気持ちの持ち方や身体的な落ち着きが目に見えて改善したことで、彼女はだんだん勇気づけられた。医師から寛解を告げられ、人生をやり直せることがわかったとき、私たちは大喜びすると同時にほっとした。

それから何年もたって、私はまたブレークと関わることになった。彼女は引っ越したばかりで、新しい家を気に入っていた。でも新たなプレッシャーに直面していた。仕事を探さなければならないのに失敗続きだったのだ。面接のたびに悪戦苦闘した。ストレスを受けると気持ちが敏感になりすぎ、それが対人能力に影響を及ぼした。彼女はこう言った。「パフォーマンスをうまく発揮しなければならないのだけど、それには心理学的なサポートを得るのがいいかなと思って」

私は感銘を受けた。前へ進むためにはやり方を変える必要があるとブレークは知っていた。そしてチャレンジする勇気があった。最初、彼女は頑なだった。「仕事が必要だけど面接は大嫌い。うまくいったためしがない。私の面接スキルは最悪。どうせうまくいかないんだから、やったってムダ」。私はかつて役に立った方法をまた試してみようと思った。「自分を振り返るやり方でうまくいったじゃない。今回やってみてどうだった？」

しかし彼女は完全に忘れていた！　嫌で嫌でしょうがないから、面接が終わった途端にそのことを一切考えなくなるらしい。振り返るどころではない。

私たちは次のオンライン面接に向けた計画を練った。彼女が自分の振る舞いや訊かれた質問を少しでも自覚できるようにしなければならない。ブレークはパソコンの横に、必要な時に参照できる短いリストを掲げた。そこにはこう書かれていた。「落ち着いて呼吸。背筋を伸ばす。質問をよく聞く。話すより聞くこと。ゆとりを持つ。微笑む」。どれかひとつでも行えば効果があることを彼女は知っていた。

そして再度失敗したときも、やはり振り返りが必要だとわかっていた。彼女は自身のパフォーマンスを10点満点で4と評価し、成功するには7か8が必要だと考えた。しかし、ちゃんとできていることもあった。「仕事に関する事前調査はばっちりでした。面接の初めに先制点を奪っていたみたいな」。次に、あまりうまくできなかったことを挙げた。「でも、その後に緊張して集中力をなくし、とりとめもなく話し始めてしまいました。質問に答えながら自己分析して……。簡単な質問にも頭が真っ白になり、最後は思考できなくなりました。面接官がしびれを切らしているのがわかってパニックに陥りました。それで諦め、最後には無反応になりました。その仕事が本当にやりたかったのに、まったく計画通りにできなかった。もっとリラックスし、本来の自分でいられるようにしないと」

そうやって自己評価と計画の練り直しを重ねていった。そしてとうとう彼女は希望する仕事に就くことができた。その頃には自己評価も7となり、満足できる水準に達していた。面接には相変わらず取り調べのような気持ちで臨んだが、質問に対しては集中できた。上出来である。

数カ月後、私はブレークに連絡してみた。彼女はこの何年もの自分の心理状態について簡単に振り返った。「当時はすぐパニックになる心配性の人間だった。今はそいつが頭をもたげそうになると追い払ってやります。状況はすっかり変わりました。自分なりのやり方はあるけど、今は必ず我が身を振り返るようにしています。嫌なことから逃げるのではなく。そうすることで人生に平安が訪れることがわかったから」

多くのトップパフォーマーがこれらのディファレンスメーカーを、時と場合に応じて無意識に用いている。適用対象となるパフォーマンススタイルもひとつではない。私たち凡人はそれが無意識にできるわけではないけれど、その存在を知ったからには大丈夫。もはや彼らと同じように活用できる。

第3章 「F」ワード

ここでいう「F」ワードとは恐怖心（fear）のことだ。恐怖心はいろいろな形で表れる。何を恐れるのか？　物事がうまくできないこと、思い通りにならないこと。自分や人を失望させること。自信を持てないこと、拒絶されること。恥をかくこと、完璧になれないこと、ミスをすること。期待されること、失敗すること。

失敗に対する恐れは、実に多くの人が抱く。生きている以上、それは避けられない。極端な完璧主義が原因の、絶え間ない理不尽な恐怖のことを言っているのではない。同じく完璧主義に起因し、恐怖反応を引き起こす強い不安のことでもない（ある同僚のクライアントには「マフィントップ恐怖症」の人がいたらしい。ズボンからはみ出た贅肉ではなく、文字通り型からはみ出たマフィン生地を意味するほうの「マフィントップ」である）。私が言うのは、そのせいで行動が起こせない、躊躇してしまう、あるいはすぐ諦める、かんしゃくを起こしてしまうという、単なる心配や考え事のことだ。でもそれらは必ずパフォーマンスを低下させるのだ。

私たちは本能的に恥や失望やフラストレーションを避けようとして自己防御する。好結果先行きが不透明で結果がわからないと、つい考えすぎ、自己批判してしまう。好結果を導くには何をすべきかではなく、どんな悪い結果が待っていそうかが気になりだすと、良いパフォーマンスを出すのは難しい。望み通りのパフォーマンスが出せなかったときに備えて、あらかじめ言い訳をしたくなるかもしれない。何をやってもうまくいきそうにないのだから、良い結果を目指すなんて意味がないと考えるかもしれない。不慣れなことや重要な意味を持つことをしようとしたときに情緒不安定になりやすい人はいるものだが、私たちはみんな多かれ少なかれそれを経験する。

恐れに向き合う

つい先頃、私は急な依頼を受け、翌日にはロンドンへ飛び立った。あるプロテニスプレーヤー(Aとしておこう)およびそのサポートチーム(エージェント、メディカルスタッフ、トレーナーなど）と1週間を共にするためだ。ラリーの相手をするヒッティングパートナーもいた。コーチのトラビスは仕事のしやすい男だ。私たちは以前、Aがグランドスラムトーナメントの接戦中に集中力を保つための精神的・技術的な修正ポイントについて話し合うことができた。極めてタフな状況下にあってもAが見事に切り抜けるのを見て喜びを分かち合ってきた。また、権利意識の高まり、マナーの悪さなど、ハイレベルな成功者にありがちなデリケートな問題に対処するストレスにも持ちこたえてきた。

今回の私の役割は、コート上でのパフォーマンスの微調整よりもコート外での危機管理の要素が大きかった。Aはちょっと度が過ぎるほどシーズンオフを楽しんでいた。新しい人々と過ごす新しく楽しい時間は、プロとしての本来のトレーニングプランを静かに、しかし驚くほど確実に狂わせる。要するに、Aは自身のモチベーションを確認し、本気で集中力を取り戻す必要があった。

2日目、練習コートへ向かう途中に私たちがおしゃべりしているところへ、トラビスが割って入った。Aのエージェントがじっと耳を傾けるなか、トラビスは言った。

「みんなはあなたに何を話してるんです？　僕にはわからない。いえ、人にはそれぞれ何か心配事があるのは理解できます。特にビッグトーナメントではナーバスにもなるでしょう。スポンサーやメディアもうるさいですし。だけど、なぜあなたに話す必要があると考えるのでしょう？　だって僕はあなたに話すことなどありませんよ。もし自分のことを話さなければならないとしても、何を言ったらいいのかてんでわかりません」

もう終わりかと思ったら、話はまだ続いた。「それから、どうやったらみんながあんなふうにあなたのところへ話しにくるんでしょう？　本当にあなたに話したいんでしょうか？　彼らのほうからいろいろしゃべるんですか、それともあなたが何かを尋ねて、彼らに話をさせようとしてるんですか？」

驚いた。トラビスとは楽しさも苦しさも共有してきたはずだった。彼自身のプライベートな部分に関わったこともある（本人は認識も記憶もしていないようだけれど）。それが突然、私が何のためにいるのかわからないとでも言いたげなのだ。

何かがおかしかった。でもその時、私は理解した。チームとしての私たちに初めて試練が訪れていた（Aがパーティーにかまけているおかげで）。トラビスはストレスに苦しんでいた。間違ったことを間違ったタイミングでAに言ってしまわないかと不安だった。コーチとしてAやチームにうまく対応できていないのではないかと考えていた。それで、怯えたときに多くの人がやるように防御態勢に入ったのだ。

Aのためを思うのなら、トラビスと私はたとえ居心地が悪くても話さなければならない。不安に正直に向き合うのは誰だって気が進まないものだ。夕食をとりながら、私はわかりきったことを口にした。Aは世界でのランキングが上がり、それに合わせて両親からスポンサーまで各方面の期待も高まっている、と。それから、何が不安なのか教えてもらえないかとやさしく問いかけた（訊かずに済むものなら済ませたかったけれど）。たっぷり1分はたっただろうか。トラビスはようやく口を開き、これだけ派手にスポットライトを浴びるのは初めてで重圧を感じていると言った。Aがコート外でどれだけバカなことをやっていても、あらゆるトーナメントで好成績を収められるようにしなければならない。外からの重圧というより、トラビスは自分で自分に重圧をかけていた。チームのリーダーとして、Aを導いてこの厳しい局面を乗り越えさせることができないのではないか、その結果、職さえ失うのではないかと恐れていた。

自分の力不足など不都合な思いを受け入れなくても、少しの間なら、外向きにうまく平静を保ち、内向きには感情をコントロールすることができる。しかし本当の自分から逃げていると、パフォーマンスがだんだん阻害される。失敗するのではないかと繰り返し考えたり、いつまでも終わりそうにないフラストレーションを抱えたりしていたら、パフォーマンス向上のためにするべきことに落ち着いて集中できない。

とてつもなく大きくなり始めた不安について語り、認めること、そして状況を考えれば、そのような不安や恐怖を感じるのはまったく普通のことだと言ってもらうこと。それだけでトラビスはいつもの落ち着きを取り戻すことができた。リーダー失格との考えを捨て、いつもの洗練されたコーチングやコミュニケーション術を取り戻した。近い将来にもしや悪い事態が生じるのでは、という不安が軽くなったのだ。

恐怖心は当たり前のものだ。それを回避・我慢するのではなく、直視することで、むしろその恐怖から自由になり、前へ進むことができる。トラビスは自身の恐れを口にするだけで、この厄介な障害から逃れることができた。しかし多くの場合、もう少し深く考えないと、恐れを受け入れて対処することはできない。

自身の足を引っ張る

恐れはこんなふうに作用する。あなたは何か重要な仕事や課題で良いパフォーマンスをあげたいと考えており、自分にはその能力がある（最低でも今より向上できる）と知っている。あとはそれを適切に実行するだけでいい。これまでの練習や訓練通りにできれば問題はない。

例えばゴルフの場合、クラブフェースをボールに正しく合わせ、低くゆっくりテイクバックし、インパクトの瞬間にボールを押し込むようにして目一杯スイングすることを忘れなければ、ティーショットは確実に遠くまっすぐ飛ぶ。この3つのアクション（つまりはパフォーマンスのきっかけ。「パフォーマンスキュー」と呼ばれる）のうちひとつを完璧にこなすだけでも、スイングとショットは改善する。技術的に正しい手順を踏み、スコア改善のチャンスを得ることになる。下手な素人であってもプロであっても、能力を発揮できて満足する。実にシンプルだ。

でも待ってほしい。あなたは次のように考え始めるかもしれない。「もしやってみてうまくいかなかったらどうしよう？　ある程度できてもまだ不十分で、ブッシュやバンカーにまたつかまったらどうしよう？　つまり自分は思っているほど（望んでいるほど）上手ではない、人が言うほど才能はないのかもしれない。そいつはまずい」

では、がっかりしないための自己防衛がどのようになされるのか？　セルフサボタージュ（自己破壊行動）は言うまでもない。本当の原因を顧みず、言い訳を始める可能性もある。「アウト（前半9ホール）の最初のほうでしくじったおかげで残りのホールも台無しになった」とか、「前の組がのろいから集中できなかった」とか。他によくあるのは「水分と栄養さえ補給していたら！」。これもみっともない言い訳だ。いずれにしても、これらは同じ恐れからきている。「自分が問題なのではない。問題はどこか別のところにあるはずだ」という恐れ、怯えである。

このことさえ自覚できていない可能性もある。このメンタルノイズは失敗の原因をごまかすフィルターとして機能する。結果が振るわなかったのは自分のせいではないと、自分自身や他の人に対して証明するのが目標となる。条件がしっかり整っていたらもっとうまくできたはずなんだと。

セルフサボタージュは「まだまだできる！」というはかない希望を存続させる。まだまだ自己最高スコアを出す可能性はある。あの夢のような仕事をゲットするチャンスはある。あと5キロは絶対落とせる。いつかは、きっと……。

パフォーマンスを向上させたいなら、この考え方を変えなければならない。自分で自分の足を引っ張っている人はすぐにわかる。パーソナルエージェンシー（個人の主体性）を放棄し、自分の外側にばかり焦点を当てているからだ。「○○だから無理」「誰も助けてくれない」「十分な準備時間がもらえない」といった言い訳がよく聞かれる。自分にも当てはまると思った人は、自分自身がすべての原因になっていないか、よく考えてみるといい。自らこしらえたこの障害にようやく気づき、安堵できるだろう。そして言い訳に逃げることなく、目の前のタスクに集中できるだろう。

フリークアウト

失敗に対する恐れは、限界に突き当たったと感じるときに起こりやすい。では、恐れが少々度を超したときはどうなるだろう？　そんな「すごい恐怖」について見てみよう。

金融企業の若い幹部、ライアンは人前で話すのが苦手だった。公衆の面前で話をするのは、多くの人にとってすごい恐怖である。彼は上司に対する大きなプレゼンテーションをしくじったばかりで、私にこう言った。「資料は頭に入っていました。でも緊張しているのを悟られまいと思うあまりスライドをどんどん切り替えすぎてミスを犯してしまい、あとはもう早く終わってほしいと思うだけでした。顔が赤くなっているのも自覚できました。本当にがっかりです」

ライアンが経験したのはいわばパフォーマンスの「フリークアウト」、つまり恐怖で集中できないことにより才能が妨げられ、パフォーマンスが損なわれる現象である。彼は自信に満ち、知識が豊富であることをアピールしようとしたが、気持ちの高ぶりに対する準備ができていなかった。呼吸を制御できなくなり、作成した資料を落ち着いて説明する余裕もなくなった。本当はもっとうまくできたはずなのに。

試験を受けるときも、多くの人は相当な不安を覚える。数学の最終試験、希望大学に入るための共通テスト、キャリアアップにつながる試験……種類はどうあれ、試験を受けるときは緊張を強いられる。結果が心配でたまらず、試験中に実力を発揮できない。監督官がにらみを利かせる試験会場に入り、スマートフォンを提出するよう求められ、大時計を気にしながら静かに座っていると、確かに緊張が高まってくる。知識はちゃんと頭に入っており、すぐにも解き放たれるのを待っているが、緊張の高まりによって問題解決能力が鈍る可能性がある。平たく言えば、答えは全部わかっているのにパニックに陥り、せっかく準備した知識を引き出せないのだ。

セイディは希望するアイビーリーグの大学から仮合格通知をもらって大喜びした。あとは高校での最終試験を首尾よく終え、寮の部屋へ引っ越すだけだ。しかし試験が近づくと期待が熱を帯びすぎ、無意味でばかげた考えに苦しむようになった。正しく勉強しただろうか？　奨学金がもらえなかったらどうしよう？　時間切れになったらどうしよう？　「大きな試験は大嫌いだ」とさえ思った。あるいはストレスを感じたときの定番である「試験が始まった途端に何もかも忘れて、合格が取り消しになったらどうしよう？」。ライアンと同じようなフリークアウトを避けるため、私たちはその対策プランを練った。

セイディは現状のメンタルアプローチが試験に集中できない原因だとわかっていたので、私たちは彼女が感じる不安や恐れについて話し合う必要はなかった。話し合ったのは、普段、試験で良い結果が出たときに何をしていたか。彼女は次のような行動を挙げた。

・前の晩に必要なものをかばんに入れておく。
・早めに着く。
・問題全体にひと通り目を通す。
・問題がわかりにくいときは質問する。
・問題文のキーワードに注目する。
・わかる問題から始める。
・必ず部分点を目指す。

これらの行動がいつも試験で役に立ったという。ただ、不安や恐れが大きい場合は、マイナス思考を抑えるための手段をもう少し用意しておきたい。そうした思考が失敗の不安を助長し、建設的な行動を阻みかねないからだ。セイディは現実的で有効な「セルフトーク」(心の中の独り言)を付け加えた。

・心を鎮める時間をとり、ゆとりを持ち、正確に解答を書け。
・私ならできる。あの大学に入れたんだから!
・この1年間ずっと落ち着いてこられたじゃないの。
・練習問題に取り組んだ。勉強した。もう大丈夫。

セルフトークのように自分に何かを言い聞かせ続けるのは、落ち着いてタスクに取り組む効果的な方法だ(第14章)。私たちはたいてい、活力に満ちた内なる声を持っている。ならばそのエネルギーを利用しない手はない。そうしないと恐怖心に負けてしまう。自分に言い聞かせるときは、セイディのように正直な、またはニュートラルな表現を心がけよう。「私は優秀なんだ。負けっこない!」みたいな楽観的すぎる断言は、たとえ真実を含んでいたとしても、大きな恐怖にあなたを持ちこたえさせることはできない。

セイディには追加すべきメソッドがもうひとつあった。クリアな頭で試験問題に集中するには、心を落ち着け、正しく呼吸する必要があることを彼女は知っていた（第12章）。いろいろなものを制御できなくなったときや、他の方法をすっかり忘れてしまったときには、とにかく呼吸を整えようと決めた。単純だけど効果がある。最終的に次のようなプランを立てた。

■試験前
・プランを確認！
・やると決めたんだ。落ち着いて無駄口をたたかず、ベストを尽くせ！
・大丈夫、任せて！
・ゆっくり呼吸し、肩を下げて耳から離す。

■試験中
・引き続きゆっくり呼吸し、肩の力を抜く。
・最後の最後まで問題に集中。
・部分点を目指す！

■ナンバー1フォーカス（何もかも忘れたときに備えて）
・大きく息を吐く。

この計画によって、セイディは試験に対する恐れを鎮める具体策を手に入れた。たとえ自信を持てず、平静になれなくても、プランに沿った思考と行動に素早く切り替えれば問題なかった。ライアンやセイディのように特定のプレッシャーに動揺してしまう人の場合、フリークアウトの対策プランを立てられるかどうかが、パフォーマンスの良し悪しを分ける大きなポイントになるだろう。こうした計画立案についてはパート2で詳しく見る。とりあえずは、適切な準備と単純なきっかけによって恐怖心はただちに克服できることを覚えておこう。

極限の恐怖

怖くて当然といえる恐れもある。例えば、プレッシャーが大きいだけでなく、病気やけが、さらには死亡の恐れさえある場合。いわゆるファーストレスポンダー（最前線の医療従事者、救急隊員、警察官、軍人、矯正官など）は日々の仕事で暴力やトラウマに直面する可能性がある。カーレースやロッククライミングの他、ホッケーからフットボールまで激しい身体接触を伴うスポーツでは、選手はみんな身体的リスクにさらされる。最強、最速の達人たちが競い合うプロの世界はなおさらだ。彼らは恐怖に対する免疫があるのだろうか？

もちろん、そんなことはない。スキーを例にとろう。滑降のスキーヤーは完全にイカれている、少なくとも無鉄砲そのものだと言われたりする。私がオリンピック種目のスポーツに関わったのは、アルペンスキー・ワールドカップが最初である。カナダの男子チームがクライアントだった。私たちは滑降レースの最高峰とされるハーネンカム・レースでオーストリアのキッツビュールにいた。歴史上最も危険で困難なレースであると同時に、最も格の高いレースとしても知られている。スピードは最高で時速140キロに達する（高速道路を走るようなものだ）。地形の難しさはワールドカップの中でも群を抜く。クラッシュしたけが人を病院へ運ぶためにヘリコプターが待機しているほどだ。少しでも速く無事に滑り降りるためには高い技術と集中力が要求されるため、観客にとっても選手にとってもスリル満点の競技である。

レースの勝者でさえ恐怖を感じるという。だが、その恐怖心は才能と技術によって軽減される。ある種の極限状況を何食わぬ顔でクリアする人がいる。言い換えれば、彼らは私たちほど怖がっていない。恐怖心の克服はやはり必要だが、その恐怖心は主に結果や期待にまつわる不安である。選手はみんなそうだが、彼らは良いパフォーマンスを発揮したい。心を鎮め、スキーに集中しようとする。ゲートからゲートへ効率的なラインを描いて滑ることで、それぞれのスキー板に正しいタイミングで圧力を加え、速く力強くターンすることができる。彼らはやるべき仕事があることを知っており、その仕事を成し遂げようと思っている。当然、人によって技量は違うが、ゴールする力は持っている。レース中、けがの可能性が頭をよぎったとしても、彼らは訓練されており、コースの各所で今何をすべきかに精神を集中させるよう最善を尽くす。要するに、この先に待つ狂おしいほどのスリルに対処するためのスキルや能力を身につけているのだ。バカなことをやらかそうとしているのではない。

私とは違って、選手はみんなレースに備えてコース上で入念に練習する。まずはコースの具合を点検し、地形やターンの感触を確かめる。スタートゲートから飛び出し、軽く横滑りする。止まってはスタートすることを繰り返しながら、当日滑るラインをチェックする。コーチやサポートスタッフも同じことをする。私はコースの点検など必要なかったけれど、楽しそうなのでやってみたかった（怖さもあるが、ゆっくり滑ればいい）。そして実際やってみて、このアスリートたちのすごさをいっそう思い知るのだった。

その日、コースチェックに同行した私はスタート地点でドキドキしていた。あの有名なコースを滑り降りたと自慢できる興奮もあった（たとえのろのろ降りるだけにしても）。スタートゲートにつき、スキーの先端をそっとコース上に押し出すと、それが空中に浮いて見える。地面くらいは見えるように前へ出ようと思うのだけれど、やはり地面は見えない。山頂でただよたよたしているようなあんばいだった。でも、そこでぐずぐずしている時間はそれほど長くはなかった。私は自分のスキーの腕前をすぐに思い返し、これしかないという思慮深い決断を下した。コースに出る順番を待つ選手とコーチを尻目に、スタート小屋を出て今来た道を引き返し、ロッジで熱くて濃いエスプレッソを飲んだ。良くない結果を恐れる本物のスキーヤーとは違い、私が恐れたのは体がずたずたになることだった。スキーヤーの中には神経過敏で内心びくびくする者もいる。それでも彼らは私たちと同様、感情をコントロールしなければならない。

ところで、山頂で恐怖を味わった後にコーヒーブレークを楽しんでいるとき、私は周りがなにやら騒がしいのに気づいた。コース上で何か起きたらしい。わめき声が行き交い、いろいろな言語で罵る声がする。どうやら他の国で私と同じような立場にいる人が、勇気を持ってチャレンジしたようだ（私の撤退を目撃したにもかかわらず）。彼は何メートルも進まないうちに人間魚雷と化し、ドイツのテレビ局のケーブルをことごとく破壊していた。今でも彼とばったり会うたびに、あの日のことを思い出して笑い合ってしまう。

恐怖で気もそぞろになり、パフォーマンスが発揮できなかった経験は、誰でも一度はあるだろう。わずかな重圧を感じただけで縮み上がる人もいれば、不安や恐れに驚くほど冷静に対処する人もいる。

あらためて断っておくが、人がエネルギーを100％注いでいない場面でのパフォーマンスについて話しているのではない。ここでスポットを当てているのは、非常に重大で、だからこそ恐れや重圧を生むような場面・状況である。例えば、革新的なアイデアを直属の上司にプレゼンテーションするときはリラックスできるかもしれないが、同じアイデアを社長や取締役に対してプレゼンテーションするときは緊張し、自信がなくなるかもしれない。

恐れは相対的なものだ。また、ファーストレスポンダーやビッグウェーブサーファー、コンサートピアニスト、俳優、神経外科医も例外なくそれを経験する。スキルの種類や有無にかかわらず、それは訪れる。覚悟を決めて受け入れることだ。大事な場面でその恐れをどう扱うかが問われている。失敗を恐れて立ちすくみ、チャレンジさえしない人もいれば、ストレスのかかる状況でも落ち着いて道を切り開き、優れた結果を出す人もいる。精神的な動揺で彼らのパフォーマンスが損なわれる可能性は低いが、それでも最大限の能力が発揮できるとは限らない。必要なのはこの傾向を認識し、それに向き合い、そこから脱することだ。

恐怖への対応策、プランの立て方はパート2で詳しく紹介する。その前にまず、自信のなさはあなたが思うほど大きな問題ではないことを理解し、自信を持てば恐怖心がなくなるわけではないと知る必要がある。また、自分以外の人が自信にあふれて見えるのはなぜかも見ていこう。

第4章 自信はそんなに重要か

クリステンはオーディション番組『アメリカン・アイドル』でゴールデンチケットを勝ち取ったばかりだった。次のハリウッド予選で勝ち残れば、歌手デビューへのチャンスがさらに広がる。電話をもらったときはさぞや喜んでいるだろうと思ったのに、その声はちょっと疲れ気味だった。「自分の歌にまったく満足できないんです。もっとうまくできたはずなのに。ナーバスになりすぎました。しくじるのが怖かった。カメラがたくさんあって、審査員が並んでいて、自信喪失もいいところでした」。審査員からは「スターの素質がある」と言われ、ラブコールももらっていたのに、クリステンは他の出場者がいかにうまかったかを述べたて、自分はもうどうしようもない、きっとすぐ脱落すると繰り返した。「本当に、本当に勝ちたいんです。でも他の人にはありそうな自信が私にはありません。自信がないと無理なんです」

私は彼女の話をどうにか遮り、「これっぽっちも自信がないのに、満足さえしていないのに、ちゃんとできたじゃない」と言った。それから「あなたはパフォーマンスの何たるかをきっとわかっている。じゃないとゴールデンチケットなんて取れなかったはず」と付け加えた。クリステンはしばらく黙っていた。それから静かに「ええ、私の声はすごくいいの」と言った。

もう少し客観的に考えなさいと言われたクリステンは、自分がそれだけのレベルで歌えるという大切な事実を思い出した。その事実を頭の中心に置いておく必要がある。そうすれば持てる才能をもっと簡単に引き出せるし、失敗の可能性ばかりを気に病まなくて済む。私たちは彼女の極めて後ろ向きな反応をどうにかして直そうと考えた。大きな晴れ舞台を控えてプレッシャーを感じたときに、その反応は表れるのだ。これからの数週間で、彼女ならではの声を自由に操れるようにしなければならなかった。ただし、自信を持つことがその解決法ではないと知る必要もあった。

自信とは何か?

自信とは「何かを成し遂げられる」という強い気持ちである。自分の能力に対する信頼度を測る物差しである。とはいえ、なんと曖昧で漠然とした定義だろうか。人はよくこんなふうに言う。「自分を信じろ」「自信さえ持てば大丈夫」。しかし自信を持てと自分に言い聞かせても、そうなれるわけではない。

私たちが自信を持ちたいと考えるのは、そのほうが気分が良く、やれるという気持ちになるからだ。自信があれば人生は心安らかになり、自信がなければ険しくなる。そして人は自信について語りたがる。自分にはそれが十分備わっていないのではないかと不安を覚えるからだ。次のようなせりふをよく耳にする。「自信を取り戻すまではプレーできっこない」「今日はできる気がしないから、きっとダメだ」「他の人たちは精神的に強そうだ。こっちにチャンスはない。あの自信はいったいどこへ行ったんだ?」。気持ちのせいで行動がいともたやすく妨げられるのは驚きに値する。

自信は気まぐれで頼りにならない。日によって、いや、それどころか時々刻々と変化する。試験会場を出るときはどの問題もばっちりできたと確信しているのに、帰宅する頃には、あそこは間違ったかもしれないと不安に駆られたことがないだろうか？自分の能力や前途に対する自信はびっくりするほど速く、しかも前触れなく変化する。自信満々の人でさえ、その自信はすぐに揺らぐ。だからパフォーマンスの準備をするとき、そしてパフォーマンスの最中には、自信の有無にとどまらないもっと大事な要素に注目しなければならない。

成功するために自信は必要ないのかって？　その通り。あるに越したことはないが、必然ではない。自信がなくてもパフォーマンスは出せる。エリートパフォーマーは揺るぎない確固たる自信を備えており、それが成功の素だと私たちは信じたがる。しかし、その道のチャンピオンが常に自信を持っているとは限らない。

あるクライアントは初めてのオリンピックを「感情の見世物小屋」と表現した。フリースタイル決勝に進出した彼女は最初、メダルはすぐ手に届くところにあると思った。あそこを無事に下り切ればいい。時間にして1分もかからない。良い結果が期待できるはずだったが、問題がひとつあった。自信がまったくなかったのだ。それどころか精神的に動揺し、冷静になれなかった。「一日中マイナス思考で、涙さえ流してしまいました。勝ちたかったけれど、勝てるとは思えなかった」

これまでにないプレッシャーを感じながらも、彼女は目の前のやるべきことに集中しろと自分を戒め、難しい技やジャンプをなんとか決めることができた。そしてオリンピックチャンピオンになった。彼女自身、そのことに驚くと同時にほっとしていた。この金メダリストは今も次のように語っている。「競技を終えたときに満足することは決してないでしょう。でもコース上でやるべきことに集中すればパフォーマンスはついてきます」

多くのチャンピオンが自信については同じような経験をしている。別のオリンピック金メダリストも自信がなかなか持てなかったという。どんな大会でも、「できる」と思っていた次の瞬間にその確信がすっかり消えていた。集中力とそれを削ぐ力の折り合いをつける作業が常に求められると気づいた彼は、目標達成に必要なものとしてそれを受け入れた。

何の苦もなく自信を手に入れたところで世界一になれるわけではない。重要なのは気持ちの迷いに対処し、目の前のタスクに集中する能力である。

自信が答えではない

自信を持つのは理想だが、それは何の保証にもならない。レースに勝つ自信がたっぷりあったのに、いきなり最後のハードルを引っかけてつまずき、わけもわからないまま5位でゴールする可能性もある。自分は大丈夫と高をくくって部門のオンライン会議に臨んでも、意見を述べる段になって突然すさまじい緊張感に襲われないとも限らない。

マックスは大リーグで指折りの投手のひとりだった。いつも入念に準備し、自信を持ってマウンドに上がった。彼の活躍でチームはリーグ・チャンピオンシップ・シリーズに進出したが、そこでマックスは思うように力を発揮できず、チームはワールドシリーズへ進めなかった。これはたまたまだ、レギュラーシーズンでは申し分ない働きをしたのだから、と彼は自分に言い聞かせた。

次のシーズンも彼は怖いもの知らずで、プレーオフで大車輪の活躍をするのを楽しみにしていた。しかし前年同様、またしても思ったようなピッチングができず、チームはワールドシリーズ進出を逃した。

その後、私たちは次のシーズンに何をどう変えるべきかを話し合った。彼は自分の能力に常に自信を持っていたから、集中力を欠いたりストレスを受けたりして、いつもの優れたメンタルコントロールが失われたときの準備ができていなかった。つまりベストなパフォーマンスを発揮する準備ができていなかった。ただマウンドに上がってストライクを投げることに慣れきっていたので、知らぬ間に感情が何ものかに支配されたときの対策がなかった。進出が決まる前から心はワールドシリーズに向いていた。緊張しがちなルーキーの頃から精神面の戦いについては考えたことがなかったので、自分の集中力が薄れていることに気づかなかった。

ワールドシリーズの可能性がちらつくだけでマックスは硬くなり、腕の伸び具合が変わるので、バッターはどうにかボールを捉えることができる。解決策はいつもの投げ方を忘れずに肩の力を抜き、キャッチャーミットの方向へフォロースルーを十分にとることだ。「フィニッシュを怠るな」と彼は心に刻んだ。もし集中力がまた薄れそうになっても、今度は意識をコントロールする準備ができていた。翌年、彼はワールドシリーズ進出を果たし、いつも通りの素晴らしいピッチングを披露した。自信を持つのは大切だが、それによってやるべきことに必ず集中できるわけではない。

自信がついえるとき

ベストパフォーマンスを出すのに自信は必要ないが、かといって自信について考えるのが無意味というわけではない。大きな重圧の中でやるべきことに集中できれば、自信などなくても成果を出せる。マックスのように自信が邪魔になることさえある。しかし、そうした大きなプレッシャーに備えるに当たっては、自信がなくなる理由を知っておくと役に立つ。

散漫な思考や逃避的な思考は最大限の能力発揮を難しくする。以下のような原因で自信がなくなり、それがストレスを引き起こして成功をおぼつかなくしている可能性がある。

完璧であろうとする

あなたは完全無欠を目指すタイプだろうか？　物事が思うようにならなかったり、ミスを犯したりしたとき、腹が立ってさっさと終わらせたいと考えるだろうか？　自己批判して自らを罰したり、自身の成果に満足できなかったりするほうだろうか？もしそうなら恐らく、せっかく成し遂げた仕事もあなたには見えていない。

完璧を目指すことはパフォーマンスの成功に必ずしもつながらない。それに、人は完璧にはなれないし、完璧を求めると自滅する。そのことを知ってほしい。

ミッチェルはコンサルタントとして成功を収めた後、50歳そこそこで引退した。正確無比な性格で、状況をコントロールしたいと考える上昇志向の人物だった。自分でもみっともないと感じるほど太ってしまい健康に不安があったので、2年間先延ばしにしていた健康診断をついに予約した。丸一日のコースである。私が注目したのは運動負荷テストに対する彼の態度である。健康になるために来ているはずなのに、トレッドミルテストがつらいとわかった途端、投げ出してしまった。全力を尽くしても意味はないと、彼は冗談めかして言った。全力を出したら、次の年はさらに上の結果を期待される。そんなことなら改善の余地を残しておいたほうがいいと。悪い結果が出るとわかっていたのは明らかだ。「うまくできないならトライしてもしょうがない」という態度である。健康を犠牲にして劣等感を忘れようとしたわけだ。

完璧主義には、自分のよさが見えないという側面もある。私はビバリーヒルズの賑やかなビストロでクライアントのデイジーと昼食をとっていた。彼女があるテレビ番組にゲスト出演していた頃以来、会うのは久しぶりだった。少し落ち込んでいるようだった。「スランプみたい。セルフテープ［オーディション用のデモビデオ］は満足に撮れてるのに、仕事が来ないの。テープを2本ほど送るから、何が足りないか教えてくれない？」。私は演技指導者ではない。だから、彼女が自分の完璧主義的な傾向からくるパフォーマンスの不備を探してほしいと頼んでいることがわかった。緊張や迷い、焦りが見えていないか。何か足りないところがあるのではないかと。

デイジーは数多くのテレビシリーズにレギュラー出演、ゲスト出演してきた。ハリウッド映画を製作、監督し、出演もした。何十年もプロの俳優として活躍し続けてきた。それなのに、多くの完璧主義者がそうであるように、ストレスを感じるとその実績を忘れる傾向があった。高みを目指すのはよいのだが、すでに出している成果を見ることができない。それが自信喪失にもつながっていた。

会話が半分ほど進んだとき（おいしいパスタも半分ほどたいらげていた）、デイジーのスマホが鳴った。「ごめんなさい、電話に出ないと。エージェントからみたいだから」。医療ドラマの役がきたので、すぐ現場へ行かなければならない。それが電話の用件だった。ふたりとも大喜びした。彼女はすぐに出かけたけれど、私はその場に残って食事を楽しみ、我がクライアントの成功をかみしめた。良かった。デイジーはスランプなんかではなかった。先が見えない不安に耐えられず、自己否定していただけだった。

完璧主義のせいでせっかくの業績に目を向けない傾向がある人は、もっと合理的に考えたほうがいい。できるはずだと思っても、どのみちすべてをコントロールすることはできない。パフォーマンスに際してはパーフェクトを目指さず、ある程度できたらよしとしよう。そして、やるべきことにあらためて集中しよう。

言い訳に走る

誰でも時々言い訳をするが、中にはその度合いが激しい人もいる。失敗したときに自分を正当化しないではいられないのだ。「私のせいじゃない。誰もやり方を教えてくれなかった」「昨夜はよく眠れなくて」「一生懸命やってるのに、こんなはずない」「ひどい点数だったのはわかってる。あの先生は何も教えてくれないから」……とまあ、こんな具合。おわかりだろう。

他人に言い訳を指摘してもらうケースもある。ザックは普通のアスリートからトライアスロンに転じた中年男である。同年代の中では良い成績を収めていたので、もっと高いレベルの大会にチャレンジすることにした。レース後の本人の弁によると、最後の長距離走に移るまでは順調だったという。いざ走り始めようとして最後のエナジージェルを捜したところ、自転車から飛び降りたときにシャツの背中側からうっかり落としていたことに気づいた。あそこでエネルギー補給できていれば、もっと好成績を残せたのにと彼が悔やんでいるところへ、奥さんが割って入った。彼女もレース参加者のひとりで、夫の能力を知っていた。彼女は冷静にこう指摘した。「いつもジェルなしで、もっと長い距離のトレーニングをしてるじゃないの。なぜいつものようにがんばり抜かなかったの?」。ザックにもわかっていた。ジェルを落としたことに気づいたときに集中力も切れてしまったのだ。スピードが落ちたことでパニックに陥り、普段のペースを忘れてしまった。最後までがんばれなかった理由が欲しかった彼はすべてをジェルのせいにした。時として私たちは、誰か他の人に「言い訳はやめなさい」とやさしく諭してもらい、あらためて前を向く必要がある。

ぐずぐずする

言い訳は不都合な真実から目を背けるのに役立つ。しかし目を背けているのが真実でも何でもなかったら？　何かの可能性に向き合うのを恐れているだけだったら？　そんな時、人は気持ちが揺れ動いてぐずぐずし始める。

厄介なけがからの復帰は決して簡単ではないが、プロテニス選手のレンはツアー復帰のために何が必要かをわかっていた。安定したバックハンドを取り戻すことだ。よくいう「アップ&アウト」で打たなければならないのはわかっていたが、いざとなったらそれができなかった。バックハンドが安定しない理由を彼女は知りたがった。

ふたりで状況を検討するのは容易ではなかった。レンがどうにも煮え切らず、自分のプレーを妨げている要因について話そうとしなかったからだ。キャリアを取り戻したいのに、そのための話し合いを回避していた。頭が良くていつもは客観的に考えられる選手なのに、今回ばかりは問題を避け続けていた。ふたりで辛抱強く時間をかけた結果、彼女はようやく自分自身を追い詰める覚悟ができた。つきまとう不安を直視するしか選択肢はなかった。それはつまり、けがと休みのせいでもはや元のランキングに戻れないのではないかという不安である。レンは自分自身を守ろうとして知らず知らずのうちにショットを乱していた。キャリアが終わるかもしれないと認めたくなかったのだ。しかし、そうした自分の行動を原因とともにいったん理解すると、彼女はコート上での並外れた集中力を取り戻せるようになった。それから1年でツアーに復帰し、今やかつてない見事なバックハンドショットを見せている。

いじくり回す

せっかくの優れたプランをわざわざいじくり回した後、そのままにしておけばよかったと後悔することがないだろうか？　私はシックな服装で決めたスタッフが静かに行き交う美しいレセプションエリアに足を踏み入れた。あまりに優雅できらびやかなので、一瞬、医療クリニックではない間違った場所に来たのかと思った。これから美容外科医と会って手術室の彼を観察し、仕事の準備の仕方、スタッフや患者とのコミュニケーション方法など、パフォーマンスについて話し合うことになっていた。

素敵な朝だったけれど、本当に印象に残ったのは、いじくり回しすぎることに対する彼の考え方だった。実に良いアドバイスをくれた。まぶたの手術の前、フェルトペンでいったん切開線を引いたら、彼はたっぷり時間をかけてその線で良いかの確認、再確認をするという。手術中に変更や微調整をしたくならないようにするためだ。皮膚を取り除きすぎて患者をびっくりさせるのだけは避けたい。準備に時間をかけないと、すぐに疑念が湧いて変更を加えたくなると彼は言った。「いじくり回さないこと。自分が引いた線を常に信じるのです」

自分を卑下する

ある年の冬、私はアルプス山中のホテルのロビーでチームコーチとトレーナーに出迎えられた。チェックインしてさっそくカーリーの部屋へ行ってほしいとのこと。「お待ちかね」なのだという。だいたいの想像はついた。なにしろ世界一を決めるスキーの大会なのだ。今にも火がつきそうなほど気持ちが高ぶるのも無理はない。

カーリーは一日中、自分の部屋に引きこもっていた。その週の大会で世界ナンバー1になりたいという思いに押しつぶされそうだった。不安が高まり、フラストレーションも強くなる。いきなり背中が痛み出したのに、どうやって滑れというのか。トレーニングスタッフはちっとも面倒を見てくれず、その上、あのいらいらするほどやかましいチームメートたち……。しかしいら立ちが少し収まると、彼女は勝つ自信がないのだと告白した。自分に正直になってくれたおかげで、私たちはこれからのレースに向けたもっと建設的なアプローチを模索することができた。

カーリーは競争相手のことばかり考えていた。あの人たちのほうが優秀だ、勝つとしたら私ではなく彼らだ――。そこで私たちは事実を見つめるようにした。自分も同じくらい優秀であることは本人もわかっていた。世界レベルの大会で優勝して表彰台に上ったこともあるし、最近のレースやトレーニングも完璧だった。そこで私は「なぜあなたじゃないの？」と尋ねた。答えはなかった。彼女はコース上で何に注意を払うべきかよりも、自分の気持ちにとらわれていた。でもだんだん冷静になり、「他の誰かだろう」から「なぜ私じゃないのか？」に考え方を切り替えることができた。他のアスリートのほうが勝つ資格があると言い募る声を抑え、勝つためにはコースの難所で何をすべきかを体に言い聞かせることができた。

ドキドキハラハラはあったものの、カーリーは表彰台の頂上に上り詰めた。自信などなくてもよかった。自分自身に向き合い、理由もなく他人に勝利を渡さないようにしよう。「なぜ私ではないのか？」と自問しよう。

うなだれる

競《せ》った試合や重要な試合で得点を取られたときのホッケーチーム（他のスポーツチームでもよいが）のベンチの様子を見ると、たいていはみんな肩を落とし、うつむき、黙りこくっている。これはレジリエンスが弱まり、立ち直りが難しいことの表れである。

こんなふうにうなだれてしまうケースはどこにでも見られる。私は博士課程で学ぶ若い学生と、来るべきある会議について話をしていた。彼女は教授たちの前で自分の研究案を発表することになっており、少なからずピリピリしていた。最大の心配は、教授たちから必ず発されるであろう難解な質問に答えられないことだった。正直、質問の内容さえ理解できない可能性もある。指導教員の病気が理由で、会議は対面からオンラインに変更された。それを知って彼女は完全にがっくりきた。対面のプレゼンテーションのほうがありがたいらしい。これには私も驚いた。多くの人は自宅でスクリーン越しにしゃべるほうが緊張しないからだ。

理由を知りたくなって説明を求めたところ、彼女は次のように言った。「質問に十分答えられなかったとき、バカだと思われて、つらく当たられるんじゃないかと不安なんです。対面のほうがきつく当たられないような気がして」。思いもよらない理由だった。

スクリーン上だと対面の時ほど顔がよく見えないのではないか。だから教授たちはこちらの不安や居心地の悪さに気づかず、難しい意地悪な質問をしてくるのではないか。彼女はそう心配していた。頼りはボディーランゲージで、いざという時はそれで「お手柔らかにお願いします」との意思表示をしたいと思っていた。要するに彼らの行動に影響を与えることで自己防御しようとしていた。

このアプローチは問題である。難しい質問や良くないパフォーマンスを避けようとすることばかり考えているため、最高の答えを返すという方向に気持ちが一切向いていない。向こうが厳しい態度で臨んできたら、その時はその時だ。もっと冷静になり、作成した資料や質問への回答に集中してこそ、最高の結果が出せる（気持ちの面も含めて）。それに、こちらが及び腰だとかえってたくさんの質問を招く可能性がある。姿勢を正し、落ち着きを見せたほうがいい。そうすれば緊張が解けるだけでなく、教授たちにも彼女の有能さや一生懸命な姿勢が伝わりやすい。

概して気持ちを変えるよりも行動を変えるほうが簡単である。だから自信ある態度で振る舞うことだ。そうすれば気持ちも変わるし、相手からの見方も変わってくる。自信があるふりをしろというのではない。行動や態度を少しだけ変えて、しょげ返った気分から抜け出そうというのである。

姿勢に気をつけよう。顔を上げ、背筋を伸ばし、表情を和らげよう。ゆっくり呼吸し、長めに息を吐こう。自分に活を入れよう。知らない人に会うときは目線を上げて微笑もう。ゴルフコースでは、あるいは会議に向かうときは、目的意識を持って堂々と歩こう。授業中に質問するときは、はきはきとしゃべろう。緊張したときは時間をとって、あちこちで他愛もないおしゃべりや何気ない会話を楽しもう。自信を持って行動すれば、気持ちの面でも驚くほど早く大きな効果が表れる。リラックスして事に当たれるだけでなく、感情をコントロールできる人間だからパフォーマンスも間違いないだろうと相手に思わせることができる。

うなだれてばかりいないで、慌てずに堂々と振る舞おう。気持ちや行動がもっと上向き、人からの評価が高まるのみならず、周りの人にもプラスの影響がきっと及ぶだろう。

自信は結果である

自信はスグレモノだ。気持ちが前向きになるし、硬くならずに自然とパフォーマンスを発揮できる。つまり自信があれば、最大限の能力を発揮しやすい。しかし自信を持つだけでは不十分である。なぜなら、成功できるかどうかを左右するのは気持ちではなく行動だから。誤解しないでほしい。「きっとやれる、任せろ」と考えるのは、パフォーマンスをスタートさせる際にとても大切で意味のあることだ。でもそこで止まってはいけない。やるべきタスクへの集中力が低下したとき、それを素早く取り戻す方法を知っているだろうか？　それとも単なる神頼みのぶっつけ本番か？　あなたの行く手をたちどころに阻み、自信を失わせる、そんな障害や騒音に備え、対処できるようになってほしい。

自信というものを（その大小にかかわらず）どう扱えばよいか？　それは本書で紹介してきた他の様々な問題の解決法が参考になる。そう、「何をすべきか」に集中することだ。感情に左右されないバックアッププランを用意する。やるべきことに集中・専念するための、あるいは集中力が落ちたときに再び集中するためのきっかけを、あらかじめ1つか2つ用意しておく。馬術の障害飛越競技の選手であれば、視線を下げずに方向性を保ち、馬上でバランスをとるよう自分に言い聞かせる。テニスの試合でまたネットにボールをかけてしまったら、口を閉じ、ラケットをしっかり握っていら立ちを募らせないようにする。次の面接では、リラックスしてゆっくり話すよう心がける。どんな場面であれ、自信を追い求めるのではなく、能力を出し切ることに集中しよう。良いパフォーマンスが自信につながるのであって、その逆ではない。

本章の冒頭に登場した『アメリカン・アイドル』のクリステンはそれを実行した。不安を忘れ、やるべきことに専念しようとした。次のオーディションで審査員は彼女のパフォーマンスに圧倒され、トップ10入りはおろか優勝のチャンスさえあると言った。最後のパフォーマンスに備えてクリステンは考えすぎや自己否定をやめるよう努力し続けた。今は自信について語りたくなると自分を抑え、「大事なのは自信じゃない。ゆっくり呼吸し、歌に集中し、高音をがんばること」と心の中で言う。優勝するかもしれないし、しないかもしれない（それが人生だ）。でも自信が決め手になることはないだろう。

第5章 モチベーションはアウトソースできない

私の仕事は人のやる気を高めたり、上手に励ましたりすることだと思われている。でもそうではない。それどころか、やる気やモチベーションは誤解を招きやすい困ったテーマだと思う。人はそれが比類のないパフォーマンスを発揮し、人生を成功させる秘訣だとでもいうように、モチベーションにこだわる。「やる気があれば何でもできる、どんな障害も乗り越えられる」と言われるけれど、私はそうは思わない。

モチベーションは高いが、成功の見込みはまったくないというケースもあり得る。例えば宇宙飛行士を夢見ているのに、科学や数学はこれっぽっちも得意でないとか。同じように、モチベーションが特別高くなくても、良い結果や喜び、満足は生まれる。ミュージシャンになりたいとは思うが、人生のすべての時間をそのために捧げるつもりはないとしたら、それは合理的な選択であって失敗ではない。

やる気だけでパフォーマンスは向上しない。それは万能薬ではないし、パフォーマンスの問題を解決しない。だから私はクライアントとあまりモチベーションの話はしない。私たちが話すのは、どうしたらそれとは無関係に結果を出せるかである。

私のクライアントはやる気を持ってオフィスにやって来る。成功したいとか失敗したくないという願望がある。あなたと同じである。様々な状況、意見、態度、課題、機会などが彼らのモチベーションを高める。そしてご多分に漏れず、その達成願望を阻む障壁がある。だから私たちはパフォーマンスの心理的障壁について検討し、良い善後策を考える。これはあなたにもできる。

私を含めて誰も人にモチベーションを与えることはできない。しかし、モチベーションとは何か（何でないか）、それは私たちに何ができるか（できないか）を理解しておくのは大切である。

モチベーションは願望、欲望である。何かをしたいという意欲の表れである。しかし、やりたいという気持ちがあっても行動するとは限らない。その点においてモチベーションは人を誤らせ、結果の邪魔をする。

・あいつを是が非でも負かしてやりたい。
・本当に負けたくない。
・本気に見えない。やる気を見せろ。
・彼女に侮辱された。目にもの見せてやる。
・どうしても一番になりたい。

こうした強い気持ちは本当なのだろうが、そのままにしておいたら、それに気をとられて肝心な時に集中力を発揮できなくなってしまう。できれば次のように言ってほしい。

・事態が厳しくなったときや思い通りにならないときも、必ず冷静でいたい。
・当然負けたくない。だからフォームを崩さないことに集中しよう。
・トライしてないみたいだけど、何かいら立つことでも？　それとも私の誤解？
・彼女の振る舞いはひどかった。私は同じことをするまい。
・自分の力を十分発揮し、トップギアで臨みたい。どこまでできるか試してみたい。

同じモチベーションでもこちらの場合は、願望を持つことと、その実現方法を知っていることの違いを理解できている。

一日中やる気満々だったとしても、結果を出したいという願望からさらに踏み込んで、やるべきことに集中しなければ、モチベーションは意味を持たない。進歩を完全に妨げることさえある。やる気になるだけでは不十分だ。何が阻害要因になるかを知らなければならない。

モチベーションはどこからくるか

先ほど述べたように、他人が誰かにモチベーションを与えることはできない。にもかかわらず、そうしようと試みる人がいる。私が大学1年のときの、フィールドホッケーナショナルチームのコーチもそのひとりだった。もちろんうまくいかなかった。

私たちは半年間、一日5時間もトレーニングを積んでいた。それぞれの選手が出場選手枠に残り、フィールドホッケー世界選手権でプレーしたいと考えていた。最終選考の1カ月前、コーチは生き残り競争をさらに激しくする決心をした。練習が終わると私たちはそれぞれ授業や仕事に向かうのだが、その前に彼女が編み出した新しいゲームをやらなければならなかった（「グリッツ」と呼ばれていたが、なぜその名前がついたのかはわからない）。フィールドホッケーの試合ではあるのだが、もっと狭いスペースでルールも審判もなしに行われる。コーチは私たちのモチベーションを高めたいと考えた。もっと激しく競い合い、登録リストに名前を載せたいという熱意を見せろというのだ。誰もが選出されかったから、このばかげたゲームで目立たないといけないことを理解した。

最初は楽しかった。選手たちは互いに敬意を払い、反則を自己申告した。フェアプレーに徹する良きチームメートだった。するとコーチは、そんな自己申告システムは不要だと言い張った（そのシステムのおかげで私たちは自制できていたのだけれど）。故意だろうが偶然だろうが、あらゆる反則お構いなしでプレーせよと命じた。

選手たちはこのゲームに腹を立て、互いに腹を立てた。次にコーチは全国からさらに数人の選手を招き入れ、彼らも選考対象になるから従来のメンバーがリストから弾き出される可能性もあると言った。私たちはいよいよ生き残りを賭けた戦いに突入した。怒鳴り声あり、反則あり、不正あり、けがあり。元チームメンバーのひとりは、別の選手に「ノックダウン」された日のことを詳しく語った。倒されて仰向けになった状態で空を見ると、そのチームメートは威嚇するようにスティックを握り締め、上から彼女をにらみつけていた。このおかしなコーチが私たちのモチベーションを高めようとすればするほど、ますますカオスが支配した。混乱の度は想像を絶するほどだった。

ものの数週間で、私たちが何カ月もかけて築いたパフォーマンス文化が崩壊した。プレーはめちゃくちゃになり、チームワークも失われた。この「モチベーション実験」の恩恵を受けた者は誰もいない。チームに入れなかった選手も、入った私たちも、今なお厄介な記憶（と明らかなトラウマ）を共有している。重圧を受けてもがんばれるよう人々を手助けするのが私は大好きだが、問題はまさにそこなのだ。あなたは人々を（またはあなた自身を）助けなければならない。彼らが最高のパフォーマンスを発揮できるよう、その妨げとなる障壁を解明する手助けをしなければならない。彼らを障害に直面させて何が起こるか見てみようとするのは、手助けでもなんでもない。

では、モチベーションはどこからくるのだろう？　あのチームは全員がやる気に満ちていた。全員がトレーニングし、プレーし、今なら虐待と言われかねないハードワークに耐える理由を持っていた。モチベーションの出所は選手本人であり、自分がどのようにやる気になるかを決められるのも本人だけである。

モチベーションをどう利用するか

モチベーションは内面から出てくるものだが、少しばかり弾みをつけてやることが必要な時もある。

ある大学のフィールドホッケー選手は、試合中にコーチからベンチに下げられて頭にきた。チーム随一の選手で問題なくプレーしていたのに、そんな目に遭ったのだ。コーチは交代の理由を説明してくれず、彼女はいらいらしていた。しかし、ある種の中休みをとれたことが奏功した。自分のプレーについて、何が良くて何が足りなかったのかを考えざるを得なかった。

彼女は気づいた。自分はフィールドで何をすべきか知っているのに、それができていなかった、そして今はベンチ内で腹を立てている。幸い、コーチはすぐにこの選手をフィールドに戻し、彼女らしいパフォーマンスを見せる新たなチャンスを与えた。彼女は見違えるように活躍した。ボールを運び、タックルをもろともせず、得点チャンスをつくった。さらにチームメートのプレーにも良い影響をもたらした。本当は試合の最初からそれができていればよかったのだが、まだ準備ができていなかった。うまくプレーしたいと思えば自然に集中できると考えていたのに、そうではなかった。モチベーションを始動させる必要があることを彼女は学んだ。さもないと不完全燃焼のままベンチに座って、水をちびちび飲んでいることになる。

この選手は「覚醒」を必要としており、コーチがそれを与えた。そういう監督的な立場の人には、ベンチに下げた理由やどうすればフィールドに戻れるかを選手に説明してほしいと思うけれど、この選手は自分自身を頼りにした。その独立心たるや見事なものだ。他人からのフィードバックは必要かつ有効だが、自らモチベーションを高める準備もしておきたい。

人によってはもっと覚醒しないと、モチベーションに基づく行動の仕方がわからず、自分の感情から逃れられない。大リーグのある試合で、私は風船ガム（これがけっこうイケる）を何個も噛みながらダグアウトに静かに座っていた。そして悲劇を目撃した。その日の先発投手は調子が最悪で、たまりかねた監督はマウンドへ行き、彼のグローブからボールを取り上げた。まだ3回表である。投手は観客の前でこんな醜態をさらしたくなかったが、それもやむを得ないと思った。マウンドを降りてダグアウトに入ると、その中を行ったり来たりした。みんなが彼をよけて道を譲る。

3度目に私のそばを通り過ぎたとき、視線が合った。彼は立ち止まって、私とガム入りバケツのそばにどすんと腰を下ろした。その当惑ぶりはよくわかった。目に浮かんだ涙がすべてを物語っていた。「ちっとも思い通りにいかない。どうなってるんだ。速球はコントロールできないし、カーブは得意球のはずなのに当てにならないし」。彼はＭＬＢで安定した成績を収める本物の先発ピッチャーになりたいと強く願っていた。それはもう目の前だと思っていた。でも本当はまだ何かが足りなかったのだ。彼は涙を拭った。私たちは翌日からその「何か」を探すことにした。

ふたりでランチの席についた途端、彼は思わず涙を流した。そういうことは意外に多い。こちらも時々もらい泣きしたりする。私たちはさっそく問題に取りかかることにした。モチベーションの話には目もくれず、なぜ良くない結果が出るのかという核心部分に入った。彼はさえないピッチングから抜け出すための方策について考え抜いたことがなかった。マウンド上での理想とする心構えは持っていたが、大きなプレッシャーを感じてミスが増えてきたときの対応法はわからなかった。

そもそも彼が今の位置まで上がってこれたのはなぜかを、あらためて考えてみることにした。良い投球をしているとき、マウンド上で何が起きていたか？　目指す投球をするためにマウンド上で何をしなければならなかったか？　自分のピッチングの強みやそれまでの数多くの好投例について話し合ううち、彼はリラックスし始めた。すると、決め球の投げ方、それ以外の球の改善の仕方を私に説いて聞かせられるようになった。そのうち、事態が厳しくなったときにパフォーマンスを変化させる要因や、そうならないようにするためのコツにまで話が及んできた。彼は最後に、自身のモチベーションが必然的にもたらすプレッシャーについて、それを感じたときに何をしなければならないかを備忘録的なメモにまとめた。

まだ終わりではなかった。再度話をして彼の思考を確認し、アプローチ方法を固め、それが定着するようにしなければならない。翌日も選手たちがウォーミングアップの遠投を始める前にグラウンド上を歩きながら話し合った（ちなみに遠投だが、あそこまで遠くへ投げられるとは思わなかった）。プレッシャーを感じたときに集中力を切らさないようにする（それは投げるたびに必要になる可能性もある）重要性を、私たちは何度も繰り返し確認した。

シーズンの残り3カ月間、私たちは時々話し合い、頻繁にメールを交換した。彼は自分のパフォーマンスを10点満点で評価し、良かった点、良くなかった点、次回へ向けた修正点を私に伝えた。パフォーマンススタッツ（統計データ）についても話し合い、彼は自ら招いたピンチを切り抜けた事例について語った。呼吸法や自分への言い聞かせといったメソッドにも納得してくれた（これらはパート2で解説している）。そしてついには緊張せず、思うようにボールを操れるようになった。注意を向ける先をモチベーションから目の前のやるべきことにシフトできるようになったおかげで、パフォーマンスのトラブルから脱することができたのだ。もう涙は見せない。

コーチやチームメートは彼のお粗末なパフォーマンスを単なるモチベーションの欠如と見なす可能性もあった。しかし、やる気のない人が目標達成について話しながら涙を流すことは絶対にない。向上意欲があったからこそ、彼はかつて向き合うのを拒絶していたもの、すなわち自身のメンタルアプローチに目を向けようとした。また、どれだけ一生懸命取り組んでいるかという点も、問題解決とは何の関係もない。この投手が学ばなければならなかったのは、もっと上手に取り組むことだった。

ありがたいことにチームメートたちは協力的だったが、他人のモチベーションについてはつい勝手に推測しがちである。次のようなことを考えたりしないだろうか？

・あの人はプレーするのが楽しくないみたいだ。本当にやる気があるんだろうか。
・もっとやる気があれば、彼も私の言う通りにするのに。
・あいつは怠け者だからラクなことしかしたがらない。
・けがをしているとはいえ、もうカムバックしてもいいはずだ。ナンバー1になりたいという意欲がまったく足りない。

こういう発言は聞きたくない。他の人のモチベーションレベルを評価する際は、あなた自身の偏見に注意しなければならない。あるゴルフコーチは担当選手のモチベーションについて私に話し続けた。「やる気がないね」と決めつけるので、私は驚いてその理由を尋ねた。「ミスするとすぐカッとなるし、いつだって肩が凝るとか膝が痛いとか言ってるんだ。あの娘の両親はいつもぼやいてるよ。それに彼女は本当に上達したがってるようには見えなくてね。そう思わない?」

思わなかった。ミスしたらカッとするのは珍しいことではない。若いプロ選手がトレーニングや競技中にけがをするのはよくあることだ。両親のぼやきは彼女のせいではない。上達したくないプロ選手なんていないるはずがない。

「そうでしょうか」と私は言った。「話をすると、絶対にうまくなりたいという本気度がいつも見えますよ。結果に一喜一憂することもありますが、あの娘はコース上で冷静でいられるように努力してるんです。やる気は満々だけど、時々不安になる。自分の可能性を思って怖くなるから、別のものにフォーカスしようとしてるんです」

「なぜ怖がる?」とそのコーチは言った。おや、と思った。彼はPGAツアーにも出場したことがあるゴルファーで、うまくパフォーマンスを発揮できない不安は知っているはずなのに。

しかし、すぐに合点がいった。要するに彼は、どうしたら自分の言うことを聞かせることができるかを考えているだけだった。彼女の進歩具合に我慢できず、この先どう導いていけばよいのか見当がつかなかった。だから彼女を非難した。状況が難しくなったときに見て見ぬふりをし、できればもっと指導しやすい他の選手をコーチしたいと考えていた。ついには試合ごとのアドバイスをやめ、日常的なおしゃべりさえ控えるようになった。

解決策は何かといえば、訊くこと、そして話すこと。直接会話を交わそう。この選手はうまくなるための努力を本当は惜しまなかったのに、コーチは彼女のいらいらをモチベーション不足と考え、関心を持つのをやめた。失敗したら評判が悪くなるので関わりたくなかった。だから投げ出した。

人はもちろん、あなたを支援し、励ますことができる（私もそれが生業《なりわい》になっており、そういう仕事に誇りを持っている）。場合によってはあなたに詰め寄り、責任を問うこともある。失敗したら助ける（誰だって助けは必要だ）。しかし、あなたのモチベーションが発動することに責任を負えるかというと、それは違う。何かを目指せと強要することもできない。それができるのはあなた本人だけだ。自分の内面を見つめ、何が障害になっているかを解明しなければならない。自分自身のモチベーションを「外部委託《アウトソース》」することはできない。

自分のやる気やモチベーションについてはっきり自覚できる人もいる。クーパーはパーキンソン病と診断されたことを私に打ち明けた。震え、こわばり、動作の遅さなどの症状が現れる進行性の神経疾患だ。治療法はわかっていない。すぐにクーパーは、病気の進行を遅らせる重要なカギは運動であると判断した。たやすい課題ではない。しかし、衰えつつあるとはいえまだ比較的良好な今の健康状態を維持するには、毎日の運動を自らに課すしかない。

様々な運動メニューを続けていくためには何らかのメソッドが必要だと考えた彼は、パフォーマンス心理学を利用することを思い立った。一日の初めに数分かけてゆっくり呼吸し、ジムでバーベルを力強く楽々と持ち上げているさまを想像した。また、ウエートリフティングの回数やバーベルの重さを増やすことで、めきめき上達するさまも想像した。日中は、病気の進行が遅くなって改善に向かう様子を夢想した。頭の中では実に軽やかかに歩き、陸上選手並みのストライドで短時間のランニングもしていた。実際、意図を持って行えば夢想や空想（デイドリーミング）は効果的だ（詳しくは第15章を参照)。クーパーはジムへ出かけるだけでなく、情緒的機能や自尊心を高めるためのイメージを短時間で数多く思い描いた。

「病気は体を弱らせると同時に尊厳をむしばみます。病気になっても尊厳を保つのは、スポーツ競技のパフォーマンスに似ていると思います。スポーツでは勝つために、できれば美しく勝つために最善を尽くします。病気の場合はそれに打ち克つために最善を尽くします。打ち克つといっても単に生き残ることではありません(もちろんそれもありますが)。打ち克つとはできる限り尊厳を保つことです」。彼は毎日ひとりで私に会いにくることで、症状の進行を遅らせ、自身の尊厳を守った。私たちは彼が目の前のタスクに集中するための方法をいっしょに考えたけれど、それを自分のために実行できるのは彼だけなのだ。

私が相談に乗る人のほとんどは、高みに達したいというやる気に満ちている。これは優れたモチベーションである。すなわち、全力で目標を目指す。しかしクーパーの場合のように「高み」の意味は人によって違う。

あるプロホッケー選手は「ルーキーだった昨年はNHLに呼ばれてたくさんの試合に出たけど、今シーズンはキャンプの最初から登録枠に入りたい」と私に言った。私たちはふたりとも彼の目指すものを理解していたから、ではどうやってそれを実現するかを話し合えばよかった。パーソナリティー評価によって、彼はもともと消極的で遠慮がちなタイプであることがわかった。それからプレーに対するコーチや父親の意見にもとらわれやすかった。ミスや批判を恐れた。これら関連する動機づけ要因について話し合った結果、彼は自分に何よりも必要なのは試合でもっとフィジカルにプレーすることだと考えた。

そこで試合前の準備方法を変えて、緊張を和らげるメニューも取り入れた。気持ちを落ち着かせ、自身ががむしゃらにプレーしているハイライトシーンを思い描いた。確実に激しいチェック（体当たり）を行うには、よりハードなウォーミングアップが必要になった。シフト（出場時間）とシフトの間にベンチで目を通して試合に意識を集中させるためのメモも作成した。

彼が目指す高みは得点記録をつくることでも、オールスターゲームに出ることでもなかった。ただチームの登録枠に残りたかっただけである。その目標を果たせるか、それとも下部組織でシーズンをスタートするかは自分で決められることではなかったが、彼はモチベーションの上にあぐらをかいているつもりはなかった。願望から一歩踏み出し、いつでも１００％の力を出し切れる準備を整えた。こうしたアプローチこそが結果や満足につながるのである。

自身のモチベーションを明らかにし、それを阻害する要因にどう対処すべきかを考え続けよう。私のクライアントのひとりで将来有望な若い女子テニス選手が、そのあたりのことをうまく表現している。「いろんなことを考えすぎるとちょっと気が滅入るので、それはしたくありません。考えるとしたら、そのシーズンで何が得られるか（彼女なりの「高み」）、そしてそれをどうやって現実のものにするか。大まかな願いみたいなものは考えますが、無理強いはせず、どちらかというとやんわり焦点を当てる感じ。例えば今年だと、女子プロ選手のように落ち着いて冷静にプレーする自分を想像します。苦戦してもミスをしてもネガティブな感情を見せないような。それからフォアハンドとサーブに磨きをかけたい。そのためには自分なりのパフォーマンスキューを把握し、練習中にそれにもっと集中しないといけません」。以上。とてもシンプルだ。自主的・自発的な文句なしのアプローチである。

人はすぐモチベーションの後ろに隠れてしまう。ある中距離ランナーは悪くないシーズンを送っていたが、もっと良い結果を残せるはずだと思った。「うまく走れていてもゴールまで持たないんだ」。彼の態度は一貫していたものの、いかにも気楽だった。レースの半分までは快調なのに、そこから自分の良い走りに気をとられてしまう。「表彰台に上りたい。やれるのはわかっている。そのために必要なものはすべて備えている。なのに精神的にひるんでしまう。自分でもそれがわかる」

「今シーズン、表彰台に上れなかったらどうします？」という私の質問に彼は驚いた。そんな可能性に触れるなんてけしからんと思ったかもしれない。

「そいつは良くない」

「レースの一部ではなく全部をきっちり走れたらどうでしょう？」

「表彰台に上るよ」

「レースの半分しか全力で走れない人が表彰台に上れますか？」

「無理だろうね、このレベルでは」

「つまり、あなたはもっとがんばってちゃんとやり切る必要があるのでは？　リラックスしたフォームを崩さないように最後まで集中しないと」

意地悪を言ったわけではない。彼に切迫感がない理由をあぶり出したかったのだ。

「レースの当日を迎えるに当たって、どんなことを考えます？」

さほど間を置かずに答えが返ってきた。「例えばそうね、今日じゃなくてもいいや、別の日もある、いつだって次のレースがある、みたいな」。彼の態度はあまりにも及び腰で、プレッシャーが小さかった。高みを目指すという願いは強いのに、攻めの姿勢や決断力の弱さが能力を損なっていた。

最後、彼は「ちゃんとやり切る」決心をした。モチベーションの後ろに隠れるのをやめて一歩を踏み出したら、結果はついてきた。

モチベーションが持てないとき

やる気が出なかったらどうするか？　試合当日のチームの朝食の席で、彼はスムージーを、私はコーヒーを飲みながらふたりで話をしていた。このNFLの選手は、フィールド上でもっと自分の実力を出したいと言った。「プレーは問題ないんです。でもこの数週間、モチベーションが下がってしまって」。彼は先発出場しており、スタッツも悪くなかったので、どうも解せない。自分でも説明がつかないようだった。「こんなのは初めてです。いつだってやる気満々だったのに、この現状にはいらつくばかりです。ただ私も歳をとったし、ここまで随分稼がせてもらいました。長くやってきて、今は家族もいます。よくやってこれたと感謝の気持ちで一杯です。だからたぶんもうこれ以上やる気にならないんでしょう」

どういうことだ？　自分を高めたいという意欲がないなんて。これまでのようなプレーができなくても気にならないのか？　しかもまだできると思っているのに。何が不安で、何が問題なのか？

彼は「スプラッシュプレーができてないのが残念で」と言った。つまり、見出しになるような派手な活躍をしたいということだ。ようやくわかってきた。

「たぶんスプラッシュプレーができて当たり前だと思ってるんでしょう？　大物プレーヤーなのに、ちっとも思い通りにならない。それはなぜかというと、そういうプレーのためにやるべきことができていないから。だから今日の試合を手始めにどう対応していくか、それを今すぐ決めたらどう？　いい？　スーパープレーがひとつできさえすれば、やる気はまた戻ってくるはずなの」

自身の「恐怖心」に向き合えとやさしく諭されていることを、彼は理解したようだった。その後はパフォーマンスが改善したけれど、スプラッシュプレーはまだだった。翌週にまた会ったとき、彼は開口一番こう言った。「これからの最後の6試合、あなたの言うことを聞くことにしました。プレーの前に必ず『深呼吸せよ、やるぞ』と自分に言い聞かせます」。もう大丈夫そうだった。私から言うことは何もない。「その調子！」と励ますだけだった。その試合で彼は躍動した。

しかし、まだ終わりではなかった。次の試合の前に私たちはまた話をした。彼はトレーニングルームのジェットバスに入っており、そのブクブクいう音が聞こえてくる。

彼はリラックスし自分のプレーに満足していたが、まだもっとできるはずだと考えていた。具体的に説明してほしいと言うと、すでに分析を終えていたらしく、すぐに返答があった。「最初は思うようにいかなかった。僕のメンタルはふらふらと不安定でした。メンタルルーティンからも脱落し、そのうち激しい当たりで膝を痛めてしまいました。集中力を失い、いじけてしまい、そしてミスをした。でも後半にはすっかり冷静になれた。ハーフタイムにいろいろ考えて、プレーに集中し直す必要があると思ったのです。自分のやるべきことをやれと言い聞かせました。プレーのたびに呼吸を整え、メンタルルーティンを取り戻せと」。今回、フィールド上での彼の反応はさらに良くなった。次の試合に向けての修正点は、各クオーターの後とテレビコマーシャルの間に自分を見つめ直し、プレーに集中できるようにすること。感情にプレーを左右させず、スキルにすべてを支配させることである。

最初は低かったモチベーションも、あらゆるプレーの責任を自ら負うことで目に見えて回復した。彼はパフォーマンスを高め、スタッツを改善し、コーチたちもそれに注目した。彼はさらに上を目指したいという意欲を持ち、試合ごとに力を発揮した。シーズンを好成績で終え、プレーオフの準備も万端だった。

モチベーションが突然失われることはあるのだろうか？　もはや進歩を望まなくな

ることがあるだろうか？　あるとしても、それは稀なケースだ。人はむしろ、意欲が落ちたら何かしらのシグナルを感じ取る。そこが重要である。

初めての春季キャンプの最初の週、その選手は会議室で私の真向かいに座っていた。そして「これ以上プレーする気になれない。僕はもう終わりだ」と言った。私はその前月、ドラフトで獲得されたばかりのこの選手と何度か話をしていたが、モチベーションが危機に瀕しているなんて話はこれっぽっちも聞いていなかった。それどころか彼はシーズン前のオープン戦をとても楽しみにしていた。

心変わりの理由を尋ねたが、彼は答えられなかった。ただグラウンドに出る意欲が湧かないのだという。技術的に優れ、しかも自分に厳しい選手だったから、私はすぐに何かおかしいと感じた。何度か電話で話すうち、自分の価値を認めてほしいのだとわかった。特に成功者である父親と新しいコーチに対して、実力を証明したいと思っていた。ようやくここまで打ち明けてはくれたものの、まだ完全に腰が引けていた。

彼はすっかり投げ出すつもりだったが、私はそれを許さなかった。モチベーションの皮をはぎ、その下に隠れているものを見定めるまでは許すわけにいかない。彼は自己防衛の鎧《よろい》を身にまとっていた。自身の可能性に関わる重圧から逃れようとし、失敗者になるのを恐れていた。格好の言い訳が欲しかった。それなら仕方がないと周りに思ってもらえるような言い訳が。その意味でモチベーションは完璧な口実になった。がんばってやる気を出せと言われても、ない袖は振れない。能力がないのではなく意欲が湧かないのだから、失敗者になりようがない。春季キャンプで力を発揮しなければというプレッシャーが彼をおかしくさせていた。モチベーションの不足が問題なのではなく、モチベーションそのものがパフォーマンスの阻害要因になっていた。やるべきことはただひとつ、その事実を理解して受け入れ、その状態を脱し、自分を取り戻すことである。

この場合、やる気が出ないというのは言い訳だったが、時としてそれが有効なストップサインになることがある。その違いを知るのが重要だ。私はトロント王立音楽院の才能豊かな生徒たちと、プレッシャーを受けながらのパフォーマンスについて話していた。彼らはすでにそういう重圧を経験したことがあるし、これからも経験せざるを得ないだろう。やがて私は、子ども時代の最も幸せな日について話をすることになった。そう、やさしい母がついにピアノをやめさせてくれた日のことである。あの優雅で洗練されたコンサートピアニストたちに対しては尊敬の念を抱くしかないけれど、私はあんなふうにはなれない。少なくとも一定の才能や適性が求められるだろう。記憶によると、私はまったくやる気がないことをやれと命令された。興味・関心がないだけでなく、悲しいことに腕前もひどかった。高みを目指すなんて気はちっともなかった。そんな状況なら踏ん切りをつけないほうがおかしいではないか。それに早めに諦めれば、せっかくの時間と労力を、好きになれそうなことに費やせる。

幸い、生徒たちは私が10歳だった頃のわがままを笑ってくれた。ピアノなんかやめろと言っているのではないことも当然わかってくれた。私はただ、道は厳しいということを強調しようとしただけだ。モチベーションは難しい。失敗を恐れてチャレンジすることから逃げる格好の言い訳になるからだ。しかし一方で、それは立ち止まって方向転換したほうがよいとのサインになることもある。感情や気持ちをよく分析し、モチベーションの不足が本当に伝えようとしているメッセージを読み取らなければならない。パフォーマンスの悪さや外部の評価を待ってやっと理解できるようではいけない。あなたのモチベーションはあなただけのものだ。正しくそれを機能させよう。

モチベーションは願望であり、結果を出すための信頼できるメソッドではない。やる気の有無にかかわらず、パフォーマンスとは「したい」の枠を越えて「する」に集中すること、すなわち行動を重んじることに他ならない。

第6章 縁起は担ぐな

「赤い帽子はどこ？　どこへ行ったの？　あの帽子がないとプレーできない！」

ジェイデンはそう言いながら、ワゴン車の後部スペースを必死で捜し回っていた。スタート時間の前に、その使い古して薄汚れた、しかし「幸運を呼ぶ」帽子を是が非でも見つけたい。もうすぐ初めてのプロトーナメントが始まろうとしており、彼女がナーバスになっているのはこちらにも伝わってくる。

不安がるのは予想していたけれど（不安にならない人がいるだろうか）、ここまでの緊張ぶりは想像できなかった。彼女がちょうど鞄から引っ張り出して手に持っていた赤い帽子を「かぶってみたら？」と何気なく勧めてみた。返事は予想できたが、言うだけは言ってみようと。案の定、彼女はにらみつけるようにして私に食ってかかった。

「ダメダメ、これはまだかぶったことがないの。ね、まったくの新品でしょ。これじゃプレーの助けにならないわ」。帽子の件を忘れさせ、試合にあらためて集中させるのに2時間を要した。

験担《げん》ぎや縁起担ぎといった迷信の類いは不合理でばかげているうえ、優れたパフォーマンスとは何の関係もない。にもかかわらず、私はたくさんの事例に遭遇してきた。

メジャーリーグサッカーのある選手は、集中力を保つため試合中にガムを噛めというアドバイスを、メンタルスキル・コンサルタントから受けたらしい。効果を尋ねたところ、「ない」と彼は言った。別の何人かのクライアントは、手首の輪ゴムを弾いてマイナス思考を止めようとしている。誤った考えが意識に入り込んだことに気づくたび、そうしているらしい。ガムにせよ輪ゴムにせよ、そのような方法に効果があると信じている人も中にはいる。やはり私にはよくわからない。

一部のアスリートは本番に臨む前に、更衣室やロッカールームのドアフレームの両側か上の部分を、一定の順序で軽くたたかなければならないそうだ。そして間違ったらもう一度やり直すらしい（これはけっこう広まっている）。

オープンウォータースイミング［海や湖など自然の水域で行われる水泳競技］のオリンピック選手である別のクライアントは、海藻が嫌いで、魚が近くにいるのも嫌で、プールにいるほうが落ち着くと陽気に話してくれた。世界のいろいろな海で競技するときは、魚が目に入るのが怖いから下を見ない。魚のせいでビーチへ行くのも水に入るのも好きではない。レースの前夜は験を担いでいかなる魚も食べない。翌日、仕返しに食べられると困るから。このようにして彼女は「安全地帯にとどまっている」のだという。これはけっこう珍しい。

良いパフォーマンスを確実に出すため、試合の日には必ず同じものを食べるクライアントもいる。プレーオフの間はソックスを同じ順番ではく人もいる。別のオリンピック選手は実にばかばかしい験担ぎで私を笑わせてくれた。チームのコンサルタントから、競技前のプールで排尿するよう提言されたというのだ。我が陣地を秘かに占領した、と主張するためだそうである。勘弁してほしい。私たちは笑い合った（ちなみにその選手は決してそんな行為には及ばなかった）。

験担ぎは緊張を持続させ、やるべきタスクへの集中力を失わせる。不安がベースになっており、理性や知識に基づくものではない。誰かの任意の行動が幸運をもたらしたり不幸を防いだりするという考え方で、まったく根拠がない。人が験を担ぎたくなるのは、自信がないときや不安なときである。験を担ぐと、外部環境をコントロールできるという錯覚に陥るかもしれないが、実際にはそれはパフォーマンス能力とは何の関係もない。

験担ぎは都合のよいことに、コントロールできることとできないことの境目を曖昧にしてくれる。ある俳優は、オーディションの面接で最初に部屋に入ったとき、キャスティング責任者が微笑みかけてくれなかったら合格の電話はかかってこないと確信していた。歓迎のジェスチャーがあれば、それに応えてリラックスし、準備した通りのことが言えると思っていた。他方、ごく普通の挨拶は関心のなさを示す（と彼は思っていた）から、俺は駄目なんじゃないかという不安を最大限に募らせる（たとえ他の仕事がいくつか入っていても）。こうして彼は精神的なコントロールをほぼ放棄していた。誰か他の人の行動を頼りにすれば、緊張や雑念を何とかしようと悪戦苦闘しなくて済む。自分の手には負えないのだから、どうしようもないという姿勢である。

験を担ぐのは不安で集中力を欠いていることの表れだ。もっと実際的な対処法で乱れた心を鎮め、タスクに再び注意を向けたほうがよっぽどいい。見知らぬ人の微笑みではなく、自分自身を頼るようにしたいものである。

験を担ぐのはかえってマイナス

験担ぎが、良いパフォーマンスを出すための手段になっていないだろうか？　それはやめたほうがいい。その理由を見ていこう。

ある大学のアスリートやOB・OG向けにオンラインで話をした数日後、そこに参加していたブルックからメールをもらった。熱心なゴルファーである彼女は、私の話のおかげでさっそく最高スコアを出すことができたと書いていた。人々の成功や向上に関する報告を聞けるのはいつもうれしいものだが、次に彼女の話は興味深い方向へ向かった。私は先のオンライントークで験担ぎについてしゃべっていたが、彼女はそれをひとつの戦略として大いに取り入れているという。例えば、それまでで最高の成績を出したとき、いつもとは違うスポーツブラをしていた。そして今はそれしか身につけない。あるいは、ボールのロゴマークは常に一定の方向を向いていないといけない、などなど……。

ブラの話には笑った。それをずっと身につけるのは全然構わないし、他の験担ぎも問題ないと私は返信した。ただ、それらは彼女の成功とは何の関係もないと釘を刺し、次のように続けた。「それよりもショットをする前に、落ち着いてゆっくり呼吸することを思い出したほうが役に立ちます」。彼女が持ち出したバンカーの件についてはバンカーが気になるのはよくあることだ)、小さなターゲットを決め、ゆっくりテイクバックし、最後までしっかりボールを打ち抜くことを忘れなければ大丈夫と書いた。当たり前のようだが、いらぬことを考えず、正しい目標に思考を集中させたほうがよいと思い出してほしかった。バンカーのことばかり考えていると、不思議なことにそこへボールを打ち込んでしまうのだ。「そしてそうすれば」と私は付け加えた。「幸運を呼ぶブラのほうへ集中力を持って行かれずに済みますから（笑）」

翌日、ブルックはさらにスコアが良くなったと返信してきた。的外れで無意味な験担ぎよりも、ショットのたびにとるべき具体的行動に関心を向けるようになったら、すぐに成果が出たという。

験担ぎに生産性がないのだとしたら、なぜ人はそれに屈してしまうのか？　先行きがわからず不安なとき、その不安や緊張を和らげるための手段が験担ぎだとされる。人はそれにすがって、結果をめぐる不安や恐れを小さくしようとする。かけがえのないアイビーリーグのカレッジリングをつけて最終試験に臨めば、自分が有能な学生であることを思い出してストレスが少しは和らぐかもしれないが、その指輪をしているから得点が高くなるわけではない。ゴルフボールのロゴを決まった方向へ向けるみたいにコストが低い験担ぎなら、その邪魔をするつもりはない。パフォーマンスに直結するスキルに集中力をすぐ切り替えられるなら、験を担ぐのもいいだろう。ただ、験担ぎはパフォーマンス向上に必要な本当のメソッドの代用品にすぎないことを認識してほしい。

験担ぎとルーティン

験担ぎは不安の表れであるが、ルーティンは一連の具体的行動である。ルーティンはパフォーマンスの向上につながり、その形態や規模も幅広い。望むパフォーマンスへとあなたを一歩近づけてくれる。ぐっすり眠るための準備もルーティンと呼んでいい。例えば、就寝前の1時間はスマホやパソコンから離れ、部屋の温度を下げ、小説などを読めば（仕事のレポートは厳禁）、静かにゆったりと安眠できる。ルーティンは雑念を払い、意識を集中させる優れた方法である。

企業グループ向けの講演を数多くこなすようになったばかりのメンタルヘルス・アドバイザーがいた。講演のテーマはとても魅力的だったが、彼女は聴衆を安定して惹《ひ》きつけることができないと感じていた。私は出来が良かった日と良くなかった日のことをもっと詳しく教えてほしいと言った。出来が良い日は自分が話している内容に落ち着いて集中でき、出来が良くない日は単調で慌ただしい話し方になるという。

次いで講演前のルーティンについて尋ねると、特にないとのこと。登壇前は周りの人たちとのおしゃべりなどで気を紛らわし、もうすぐこちらに向けられるたくさんの期待に満ちた顔を意識しないようにしているようだった。こうした「なるようになる」的なやり方が自分には一番合っている、そのほうが考えすぎて神経質になることもないと彼女は思っていた。しかし、この行き当たりばったりで台本のないやり方は当てにならず、実はいら立ちの原因になることにやがて気がついた。

ここ数回の講演についてさらに説明を聞くうち、出だしがカギを握ることがわかった。最初の1分を明快に元気よくスタートすれば、聴衆一人ひとりの関心や好奇心をそそり、最後まで自信を持って話し続けることができる。

そこで私たちは確実に好スタートを切るためのルーティンを決めた。出だしの予定を立て、話の展開を考えるよう彼女を促した。スタートで聴衆のハートをつかめるよう、最初の1分を暗記して無駄話に費やさないことが重要だった。

講演前の数分間に彼女は会場から廊下に出たり、トイレへ行ったりした。場所はどこでもよかった。顔、肩、腕、脚の緊張具合をざっとチェックし、こわばりをほぐすために何回かゆっくり呼吸する。それから「私にはできる」と自分に言い聞かせる。だって持てる知識を人々に伝えるためにここへ呼ばれたのだから。そしてルーティンの最後に、「後ろの人も聞こえるように大きな声で」と確認する。印象深い出だしを確保するためのルーティンのおかげで、彼女は予定した筋書きをスムーズに進行させ、聴衆の関心を惹き続けることができた。誰もが満足できる結果だった。

ルーティンを明確に意識する

効果的な行動をとるためには、意図を持ってそれに集中しなければならない。ルーティンも同じである。あるNHLチームと仕事をしているとき、私はヘッドコーチの試合前のルーティンに気づいた。ロッカールームで独りになり、両腕を脇につけて立つ。手には試合用のノート。真正面を見たまま、ちょうど60秒。それから持っていたノートをジャケットのポケットにしまい、意を決したように大股でベンチに向かう。この1分間に彼がどんなことを思っているのか興味をそそられた。それについて話をしたとき、彼は「最初は準備を意識したルーティンだったのが、時間とともに単なる機械的な動作になってしまった」と言った。気がつけば、ただ無意識にそういう動きをしているだけということが多くなっていた。その1分を使って心を落ち着かせ、重要な戦術を明確に確認していた頃は、試合開始への心構えがもっとできていた。彼は自分なりのルーティンを強く意識し直し、その生産性を取り戻すことができた。

ルーティンを超えて

本番前のルーティンを終えたあなたは気分が充実している。状況を意のままにコントロールできそうだ。行動を起こす準備は整った。さて次は？　ただ実行に移ればよいのかというと、それはまだだ。ルーティンから実際のタスクへのスムーズな移行が重要だ。

あなたはゴルファーだとする。ボールの軌道を決め、パットの素振りも何回かした。しかし、それだけで思い通りに事が運ぶとは限らない。パットの準備がしっかりできたのに、間際になっていろいろな思いが頭をよぎって（または頭が真っ白になって）集中できなかった経験がないだろうか？　ボールにコンタクトする瞬間、あなたはたぶん結果について考えている。パットを沈めたら（または沈められなかったら）どうなるだろう、と気持ちが先走っている。そのつもりがなくてもストロークの途中で顔を上げ、ボールの行方を見てしまう。するとパットの方向がずれ、ボールはラインを外れる。つまり「何をするか」ではなく、結果が「どうなるか」を考えていたのである。

どうすればよいか？　第4章で自信をめぐるバックアッププランを紹介したが、それと同じように、適切な行動に集中するため、その瞬間に考えるべきことを1つか2つ用意しておこう。例えば、ストロークの直前か瞬間に「頭は下げたまま」とか「ストロークは長くスムーズに」と自分に言い聞かせる。ボールをカップに入れたければ、あるいはせめてカップに近づけたければ、何をすべきかにしっかり集中しよう。

ルーティンを無事終えてからタスクを始めるまでのわずか1秒か2秒であっても、思わぬ考えが浮かんで最後の最後に集中力を失うには十分な時間である。集中すべきポイントを決めよう。やるべきことを体に思い出させるためのシンプルなきっかけを忘れなければ、気持ちを切らさずに間違いなく行動できる。

赤い帽子はいらない

ルーティンはパフォーマンスの準備を手助けする。パフォーマンスを確かなものにし、その質を高め、一貫性をもたらす。思考を整理し、最小限にとどめる。緊張を和らげ、エラーを防ぎ、確実性を生む。ルーティンとは、いつでも全力を出せるように考えをまとめておくことである。大まかで形式張らないこともあれば、厳密で形式を重んじることもある。自分にとって何が有効かを忘れないようにチェックリストをつくろう（頭の中でも実際のメモでも構わない）。毎回毎回ルーティンをきっちり守る必要はない。状況に応じた柔軟なもので構わない。しかし、決まった動作をただぼんやりとこなすだけではいけない。特にストレスを感じたり気が散ったりしているときは、ルーティンを明確に意識し、その有効性を保たなければならない。

パフォーマンスの準備ができたら、大事な瞬間に何をすべきかに注意を向け直そう。バスケットボールのフリースローの前にドリブル3回というルーティンで肩の力が抜けるかもしれないが、リングにボールを通したければ、肘を上げる必要がさらにある。大切なのは腕をまっすぐ伸ばせるように肩の力を抜くことであって、ドリブルを正確に3回することではない。それを忘れてせっかくのルーティンを良くない験担ぎに転じさせてはならない。

本章の最初に登場したジェイデン（縁起を担ぐのが好きなゴルファー）は結局、「幸運を呼ぶ」帽子を見つけることができなかった。おかげでメンタルコントロールの強化にようやく本気で取り組めるようになった。私たちは彼女がどんどん想像するようになっていた最悪のシナリオについてよく話し合った。それは彼女が頭を整理し、試合に集中する余地をつくれるようにするためだ。まだボールが飛び込んだわけでもないハザードについて思い悩んだり、彼女ならではの自然なスイングを知らず知らずのうちに抑制したりするのではなく、目の前のショットに意識を集中させてほしかった。定着したルーティンは例えば、「落ち着いて大きく息を吐け」とか「これで世界が終わるわけじゃない」と自分に言い聞かせること。それから、アドレスに入る前に「楽なスイング」をイメージすること。他にもあるが、当面はこれらが重要なキューになると私たちは考えた。現時点ではなるべくシンプルなのが望ましい。彼女はトーナメントで勝ったと言いたいところだけど、そうはならなかった。しかしワンショット、ワンショットに集中できるようになったことでプレーが安定し、プロとして初めての試合で決勝ラウンドへ進んだのである。

験担ぎは準備の妨げになりかねない。悪くすると準備になり代わって機能してしまう。験担ぎは複雑な障害物コースにすぐ姿を変えてしまう。すると大事なパフォーマンスを始める前に、それをまずクリアしなければならなくなる。不安や心配にエネルギーや集中力を奪われてはならない。

ルーティンは心を落ち着かせ、今この一瞬に集中する呼び水となる。ただし万能ではなく、何の保証もない。自分なりの勢いを保とうとするなら、パフォーマンスの準備を怠らないことだ。ゴルフコースにいるときも、壇上で講演をするときも、役員室でプレゼンテーションするときも、とにかく心を鎮める時間をとろう。そして集中すべき重要なポイントを明確にしよう。毎回その必要はないかもしれないが、ハイパフォーマンス達成の助けになるのであれば、なにも運任せにすることはないだろう。

第7章 良くないアドバイス、良いコミュニケーション

以下に掲げたせりふを聞いたことがあるだろう。あなた自身も言ったことがあるかもしれない。善意から出た、しかしとんでもないパフォーマンスアドバイス。上司、コーチ、親、配偶者、パートナー、教師、同僚、チームメートなど、あらゆる人がよく口にする言葉である。

・リラックスして。
・集中せよ。
・慌てるな。
・熱くなれ。

・雑念を払え。
・もっと集中。
・楽しんでこい。
・自分を信じて。
・テクニック云々は忘れろ。
・なるようになる。
・アグレッシブになれ。
・自信を持て。
・勝つためにプレーしろ。
・考え方を変えよ。
・失敗を恐れるな。
・注意散漫になるな。
・君なら大丈夫。
・もっとやれるはず。
・これ以上のミスは許されない。
・冷静に。

・堂々と戦ってこい。
・しくじるな。

こうしたよくあるアドバイスの問題点は、そもそも効果がないことだ。パフォーマンスへの集中を促そうとしているのだろうが、むしろ逆効果ですらある。なぜなら、それ自体では行動につながらないからだ。この手の助言は曖昧だったり、当たり前すぎたり、気が散る原因になったり、批判的だったり、紛らわしかったりする。漠然としていて方向性に欠ける。「もっと集中」って何？　眉間にしわを寄せて一生懸命考えることはできるけれど、間違ったことばかり考えていたらどうするのか。「自分を信じろ」と言われたその時に自分を信じていなかったらどうなるのか。緊張感をみなぎらせている人に「冷静に」と言ったら、その人をさらに混乱させる可能性がある。自分や他人のパフォーマンスマインドにプラスの影響を及ぼしたければ、もっと良い方法がある。

良くないアドバイスを良いアドバイスに

パフォーマンスに関わる監督的な立場の人（上司、コーチ、親など）は、何か言わなければと思うのだが、何を言えばよいのか、どう言えばよいのかがわからないことが多い。だから自分の上司にかつて言われた中身のないせりふや、コーチや親から昔言われた言葉に頼ろうとする。パフォーマンスの前後に適切な方向性を示すよりも、あするな、こうするな、それは違うと指摘するほうがラクである。レポートを机の上に投げ置いて「これじゃダメだ」とだけ言い、改善のヒントを一切示さないようでは優秀なリーダーになれない。具体的な方向性を伴うアドバイスやフィードバックはパフォーマンスの助けになるが、判断結果を説明するだけでは助けにならない。

例えば、ただ集中せよと言うのではなく、もう少し具体的に何に集中すべきかを思い出させるといい。10代のテニス選手だったサマンサは、コーチからのフィードバックについて考え抜き、それをもう一歩具現化することで、不安定なサーブを信頼できる武器に変えた。

コーチはトーナメントのたびに、勝ちたければ「もっとアグレッシブ」なサーブをしなければならないと彼女に説いた。それはある意味その通りなのだが、アグレッシブになろうとして思いきりボールを打つと、毎回のようにラインを越えてフォルトになった。私はサーブの直前と最中の思考や行動についてサマンサに質問した。彼女は自分が間違った場所からパワーを生み出そうとしていることに気づいた。腕ではなく両脚を使ってパワーを生むと、より高い位置でボールにコンタクトでき、そこから打ち下ろして力強いスピンをかけることができた。コーチの漠然としたアドバイスを掘り下げて理解したら、その「アグレッシブ」なサーブのために何をすべきかに集中できるようになった。このコーチはもう一歩踏み込んで、選手ともども追い求めていたサーブを形にするための具体策を提言する必要があった。

コーチの存在は重要だが、サマンサ本人も役割を担った。彼女はコーチのアドバイスをさらに注意深く検討し、自分が何をすべきかを知った。あなたも自ら考え、行動を起こそう。それがパフォーマンスを高めることになる。

たとえ相手を奮起させたいと思っていても、自身の発言に最後まで責任を持たないと失敗する。私はNHLのあるコーチとスタンレーカップ（年間王者決定戦）期間中に仕事をしたことがある。チームミーティングや夕食の席で、彼は選手たちに自分を信じろと言い続けた。「絶対勝てる、いや絶対勝つ」と繰り返した。そう信じることができなければ勝てないと言った。自分を信じることには私も大賛成だが、ストレスという点では自己信頼はプラスにもマイナスにも働き、特別役に立つわけではない。

このコーチは単に自分を信じろと言うのではなく、自分を信じるための方法を選手に教えなければならなかった。このようなプロのレベルでも、すべての選手が自分を信じているとは限らず、プレッシャーをはねのけて鮮やかにプレーできるとも限らなかった。しかしすべての選手が勝ちたかった。だったらなぜそこをもっと掘り下げ、勝つために何ができるかを気づかせないのか？　なぜトレーニングや準備のように何か具体的なものを信じないのか？　チーム全体に対するコメントに加えて、彼は選手一人ひとりに話しかけ、各人の氷上での強みや、再現可能な過去の好パフォーマンスを思い出させるべきだった。

パフォーマンスをめぐるコミュニケーションにおいては、「自分を信じろ」「リラックスして」のように漠然とした指示を出してしまいやすい。でもできればそれは省略して、その人が実行できる具体的な内容をすぐに伝えよう。パフォーマンスの質アップに通じる、つまりは選手たちが頼りにできる思考や行動を教えよう。「〇〇するな」という指示を与えても問題はないが、その後に必ず「代わりに△△せよ」と付け加えるのを忘れずに。従業員や同僚、学生、子どもたちに対してどう言うか、それを考えよう。

最近のある大きな試合で、トップレベルのコーチが「ネットにかけるな！」と選手にアドバイスするのを聞いた。もちろん助言のつもりであるが、それはすでにいらついていた選手の集中力をさらに低下させる結果に終わった。選手だってネットにボールをかけているのはわかっている。コーチにもコーチが必要だ。そこで私は身を乗り出し、あの選手はどうすればいいのかと尋ねた。「ボールにもっとスピンを」が答えだった。それから数分後、今度は「ボールの下に入れ！」という声が飛んだ。随分良くなった。

事業開発責任者に「もっとタフになれ」と言うなら、具体的にどうすればよいかを付け加えよう。チームの業績がずっと振るわないのは人間関係の摩擦を避けているからだと指摘しよう。特定のチームメンバーと厳しい話をしなければならない、さもないと誰かをクビにするというもっとつらい仕事が待っていることを理解させよう。

自分自身に言い聞かせる際の言い方にも注意しよう。ピアノやフルートで新しい楽曲を練習するとき、「走るな。テンポに注意せよ」と自身を戒めたくなるかもしれない。しかし、「もっとゆっくり。目の前の音符に集中せよ」と言ったほうがすぐに役立つ。

行動の助けになる質の高いフィードバックを提供しよう。もともと優秀だと思われる人だけでなく、すべてのパフォーマーに対してこのようにコミュニケーションをとろう。具体的な方向性を伴うアドバイスをすれば、スキルに劣る人もパフォーマンスを改善・矯正し、次回に向けてもっと良い準備ができる。

コミュニケーションに関しては私たち全員に責任がある。アドバイスやフィードバックを受ける立場なら、遠慮なく具体的な説明を求めよう。「勝つためにプレーしろ、負けるためにプレーするな」と興奮気味に言われたら、もっと明確な助言を要求してまったく構わない。というか、誰が負けるためにプレーするというのか？

優れたコミュニケーションを阻むもの

優れたコミュニケーションは仕事や日常生活で結果の向上をもたらす。生まれつきコミュニケーションに長けた人は平静を保ち、相手が本当に言っていること、求めていることに耳を傾けることができる。私が知っているコミュニケーション名人は不安を和らげ、対立を治めることができる。手元の問題を深掘りし、その現実的な解決策を探る。相手を安心させ、激励する。困難な状況下でも意見することを恐れず、物事を前へ進めたり、正常に戻したりする。

優れたコミュニケーションは多大な努力を要するが、だからこそ重要であり、正しく理解するだけの価値がある。寛容な態度で耳を傾け、その上で自分の考えを述べれば、そこには調和と生産性が生まれる。批判を避け、自己防衛に徹していたら、そうはならない。自己防衛に代表される防御態勢は、私が見てきた中で最も多いコミュニケーション上の問題であり、そのままにしておくと人間関係を壊し、パフォーマンスを妨げる。誰でも時には自己防衛に走ることがあり、程度が少々なら大した実害はない。しかしそれが習慣になって、何か意見を言われるたびに怒ったり、責任を転嫁して過ちの責任をまったくとらなかったりしたら、自分や他人の足を引っ張り続け、パフォーマンスに悪い影響を及ぼすだろう。

自己防衛の姿勢は知らないうちにコミュニケーションスタイルに忍び込む。マキシーとジャクソンには、サッカーに打ち込むプレティーンの娘ローレンがいて、私はこの両親とオンライン会議をすることになった。スクリーンの向こうでふたりはにこにこ笑っているが、両者の間に緊張感が漂っているのがすぐにわかった。説明によると、ローレンはこの1年でめきめき上達し、所属する一流チームのトップ選手のひとりになったとのこと。父親のジャクソンは、娘が今のチームで引き続きいつも通りプレーしながら、もうひとつ上の年齢層でもプレーするよう招待されたのだと喜んでいた。すでにぎっしりスケジュールが詰まっているところへ、さらに練習や試合の日程が加わることに対しては何とも思っていないようだった。それどころか、大学やオリンピック選手のレベルを目指すなら、それは必要なことだと考えていた。反対にマキシーは、一日の休みもなくサッカー漬けになったことが娘の日常にマイナスの影響を及ぼし始めていると強く感じていた。睡眠が十分とれない、サッカー以外の時間がとれない、ハイレベルの勉強についていけない、あるいは何もせずぼうっとする時間がそもそもない。それが母親の心配であった。

マキシーとジャクソンがそれぞれの見解を説明し終えると、好き勝手な言い合いが始まった。私を含め、誰も口をはさめない。彼らは相手の話を遮って自分の発言をかぶせ、話のテーマを強引に変え、ローレンにとって何がベストかという相手の意見を批判した。双方向の会話は望むべくもなかった。もはや誰が正しくて誰が勝つかという戦いの様相を呈していた。

ふたりは冷静さを保とうとはしていたものの、相手へのいらいらがすぐに怒りへと変わった。数分後、私は彼らが本当に言いたいことをなんとか読み解き、いったん口を閉じてもらった。そして私なりに理解した内容を正直に話した。ジャクソンは家庭内の「スポーツ専門家」として、自分の知識や経験、助言が疑問視されるのを怖がっている。娘を献身的に支えようとする父親ではあるが、それは娘の成功がもたらす世間からの注目や称賛が原動力になっている側面もある。マキシーは娘の幸せを心配しているのに、それが一顧だにされないことが不満である。私たち全員に明らかだったのは、この新しい超過密スケジュールが家族みんなのストレスレベルを押し上げかねないということだった。マキシーは自分が不当に無視されていると感じていた。彼らは良きパートナー、献身的な親だったが、それぞれの領分にとどまったまま、目の前の問題の解決策を探すことに気持ちが向かわなかった。ローレンがサッカーとそれ以外の適正なバランスを見つけて幸せに過ごせるようにする。そのことをあらためて思い出す必要があった。

私はふたりに宿題を出した。一度ローレンと話し合ってみてはどうかと。ただし両親とも冷静であること、そして娘のローレンが検討できる現実的な選択肢を用意しておくことが条件だ。前もって徹底的に意見をぶつけ合い、娘に話すときは共同戦線を張る必要がある。ローレンの前で両親が不必要にいがみ合い、父と母のどちらかを喜ばさなければならないというプレッシャーを感じさせるのは避けたかった。

マキシーとジャクソンの話し合いについては基本的なルールを設定した。どちらか

（できれば両方）が冷静さを保ち、議論が本筋からそれないようにする。相手の話を遮りたくなっても口をつぐむ。必要ならそのまま5つ数える。相手が言わんとすることはだいたいわかっているとは考えず、静かに耳を傾ける。相手が話す言葉を自分のいいように解釈しない。「そのまま続けて」とか「もっと詳しく」のように話の続きを促す。「いや、しかし」とか「そんなバカな」のようには言わない。そしてかんしゃくは起こさない。

次のミーティングでマキシーとジャクソンから成功の報告があった。まだまだお互いの話を最後まで聞くよう注意し合う必要はあるものの、全員が納得できる解決策が見つかったとのこと。その週の試合数に応じて、練習を週1〜2回減らすことにしたらしい。まずはそれでやってみて、適宜修正を加えていくと彼らは言った。

防御的な行動は緊張をもたらし、対立を助長する。問題の原因は向こうにあると決めつける前に、自分自身の振る舞いをチェックしよう。居心地の悪さや怯えを感じたくない、自分を否定的に見たくないという理由で自己防衛に走ると、結果として攻撃的な姿勢に出てしまい、話し合いを一切受け付けられなくなる。そうした状況では、聞くことよりも守りを固めることにエネルギーが費やされる。すると人は自分の聞きたいことしか聞かなくなる。他人を非難し、場合によっては誹謗中傷で相手をおとしめようとする。大声で怒鳴る。

怒鳴ることで相手を見くびったり正したりしようとする人、こちらの言うことを聞かせようとする人は、怒りや不満に対処するもっと健全な方法を探すべきだ。大声をあげるのは許されないと言っているのではない。怒鳴ることと大声を出すことは違う。怒鳴り声は相手を見下し、軽んじているが、きっぱりとした声は人を元気づけ、後押しする。同じ大声でも、どんな意図、どんな調子で発されたかによって意味は変わる。他人を責めて根に持つ前に、自身のコミュニケーションのあり方を見直そう。

コミュニケーション上手の特徴

コミュニケーションの名人は恐れない。自分が意図することを口にし、言ったことは実行する。明快かつ率直で議論を歓迎する。本当の気持ちを隠さず、思慮深く言葉を選ぶ。罰することではなく、つながることを目指す。コミュニケーションの上手な人は、たとえ怒ったり落ち込んだりしていても、自分にはニーズや願望を表現する権利があると考える。誰かと対立したとき、相手の人格ではなく目の前の問題を取り上げる。もめ事の相手には言い分を述べる時間を十分に与える。相手がこちらに敵意を持っていてもそうする。ボディーランゲージの重要性を理解し、肩の力を抜いてくつろいだ姿勢をとることを意識する。寛容で親しみやすい態度のせいで（本人が気づいていなくても）相手も同じように寛大になる。相手の言いたいことなどわかっていると は思わず、質問に自由に答えさせる。明確さを要求するので、言いたいことだけ言ってぷんぷんと（または勝ち誇ったように）立ち去るようなことはしない。

コミュニケーション上手は目下の問題を解決することに集中し、古い問題を蒸し返すのは生産的でないと考える。対立の原因がそもそも何（誰）なのかにこだわるのではなく、未来を念頭に置くことができる。

コミュニケーションは破壊と混乱の原因にもなる。私はコーチが選手（男女両方）の体重の話題をおもしろおかしく取り上げ、しつこく減量を迫ったり、ティーンエイジャーの選手の容姿をからかったりするのを見たことがある。選手にチームメートの能力をこっそり評価させ、そのチームメートに内容をばらすコーチもいた（私もそんな評価を頼まれたことがある）。勝負に負けたとか一生懸命やっていないとかの理由で競技中に子どもを怒鳴りつけたり、対戦相手に罵声を浴びせたりする親もいた。経営幹部が社員の仕事を聞こえよがしに批判していたこともあれば、マネジャーが自ら招いたミスを同僚のせいにしていたこともある。私は一度ならずこうした状況に遭遇し、その渦中でもっと自覚的で責任あるコミュニケーションの方法を提案しようとしてきた。不思議なことにその場でクビにされたことは一度もない！

他方、手に負えない人や困難な状況に広い心で忍耐強く対処する人も見たことがある。率直かつ冷静に話すことを旨として人間に接してきた上司や教師、親、コーチ、同僚は尊敬に値する。彼らは怒鳴ったり声を荒げたりしなかった。人を中傷、無視、論評しなかった。冗談めいたアドバイスはせず、人をからかうこともなかった。批判されても個人攻撃とは受け取らなかった。彼らはただ、解決すべき問題について簡潔、率直に話した。建前ではなく本音を語り、その際も敬意を忘れなかった。言葉通りの口調で話した。間違いや仲たがいは当然起きるが、コミュニケーションの達人はその修正・修復に全力を尽くす。周りの人から慕われ信頼されるのも不思議はない。

コミュニケーション能力改善のコツ

人々の能力を最大限引き出そうとするなら、まずは自分から。的確なコミュニケーションは確実性を生み、信頼を強め、人々を成長させる。批判の内容を見極め、保身に走らないようにしよう。この人はこちらを攻撃しているのか、それとも道理にかなった不満を述べているだけなのかと自問しよう。相手を元気づけ励ますようなコミュニケーションを心がけよう。周りの人たちとつながり、解決策を見いだすための簡単な方法がある。それは以下の3つのステップで構成される。

深呼吸する

ゆっくりと何回か深呼吸して緊張を和らげ、息を完全に吐ききることを意識する。両肩を下げ、楽な姿勢をとり、わかりやすい表情を心がける。眉をひそめたり、首を左右に振ったり、両手を大きく挙げたりする代わりに、目をそらさないようにする。見た目が取っつきやすいと（本人にそのつもりはなくても）相手も心を開きやすい。ゆったりと落ち着いたボディーランゲージを用いる。気づかいを示し、そわそわ、きょろきょろ、あくびは控える。

じっくり聞く

相手の言葉に気持ちを集中させる。うまい受け答えを考えようとしたり、何の考えもなく同意してさっさと終わらそうとしたりしない。口を閉じ、相手の誤解が明らかでない限りは口をはさまない。

受け入れる

自分への批判に同意する必要はないが、人は批判されると深刻に受け止めるという事実は受け入れなければならない。安易な中傷や「口撃」は慎む。「何か問題でも?」とか「あんたが言うな」という反応では状況は良くならない。前向きな口調と内容を意識し、自分がしゃべるときは発言に責任を持つ。話し合いの行き詰まりを打開するには誰かひとりがきっかけになればいい。だから率先して、かつ冷静にその役割を担おう。

私はある有能なジャーナリストに大笑いさせてもらったことがある。頭が良くてかわいらしい彼女の娘がある時、ティーンエイジャー特有の怒りを爆発させてしまい、「この意地悪ばばあ!」と叫んだ。母親であるそのジャーナリストはこの口撃に対して健全な反応を選択した。しばし間を置き、口元を緩めてから、「いいこと? 母さんは意地悪かもしれないけど、絶対にばばあじゃないわ! わかったら続きをどうぞ。言いたいことを教えてね」と言ったのである。ちょっとしたユーモアは本当に役に立つ。お母さんに拍手!

良くないアドバイスはパフォーマンスの妨げになる。誰かを助けようと思ったら、はっきり意見を言うことだ。役に立たないと意味がない。相手が理解できないときは言い方を変え、その人の考えを聞こう。そしてじっくり耳を傾けよう。会話を交わし、権威を振りかざさないようにしよう。万能な人はどこにもいないのだから。

自覚を持って意見表明すれば、カオスはすぐに鎮まり、発展が促される。正しい理解には内省と少しの勇気が必要だが、それでも優れたコミュニケーションはパフォーマンスを促進し、メンタルヘルスを高める。自己防御がやがて引き起こす不信は防がなければならない。結局のところ、誰かを助けようとしているときは、言い方を間違えない限り何を言っても大丈夫なのだ。

第8章 親（監督者）が気をつけるべきこと

ＮＨＬのあるスター選手（カーターとしておこう）の相談に乗るようになって数週間たった頃、彼の父親に会った。成人クライアントの親に会うことはあまりないのだけれど、今回はお父さんが極めて熱心だった。カーターはずっとリーグの得点王だったのに、ここのところ得点ペースが落ちていた。このままでは散々なシーズンに終わりかねないと心配しているのを知って、彼のチームメート（私のクライアントのひとり）が私の電話番号を教えたらしい。

カーターと私はほどなくして、彼の期待の高さがパフォーマンスの足かせになっていることに気づいた。得点をあげるのが彼の目標だったが、そのための競争を自分に課すことで氷上での集中力がかえって鈍っていたのだ。彼は何でも考えすぎた。自己ベストを達成したいという気持ちが強すぎて肩に力が入り、普段はできていたことができなくなっていた。どうやって得点するかを考えるのではなく、どうやっても得点しなければならないと考えて焦っていた。

彼が自ら招いている余分なストレスを軽減し、メンタルアプローチを調整し直す必要があった。最初の打ち合わせの後、彼は6ポイントを奪った。2回目の後は4ポイント。明らかに新しいアプローチのコツを飲み込み、手応えを感じている様子だった。そこへ父親のおでましとなった。

カーターは次の打ち合わせに父親同伴で現れ、父（トンプソン）も同席してよいだろうかときまり悪そうに尋ねた。そのトンプソンはもう私のオフィスに入っていて、自分の席をしっかり確保していた。彼はコーチとしてカーターの子ども時代のホッケーに大きな影響を与えており、息子がプロになった今はいわば側近のような立場にあった。30歳になったカーターは今でも試合が終わるたびに父親とホッケーについて話し合った。私はそれを知って、トンプソンはカーターの最近の成績に満足しており、私たちに協力するためにミーティングに参加したがっているのだと思った。

何について話し合いますかと尋ねると、特にない、オブザーバーとしてアドバイス内容を傍聴したいだけだとトンプソンは言った。ちょっと嫌な予感がした。部屋から追い出したい気分だったが、もしそうしたらカーターをもっと気まずい思いにさせるのではないかと考え、同意した。

大きな間違いだった（あれ以降、同じ間違いは繰り返していない）。そこにじっと座っているトンプソンは無表情ながら確実に不満そうだった。カーターと私は努めて彼を無視しようとした。以前の活発な意見交換はなりをひそめた。打ち合わせにならないので、私は早々にミーティングを打ち切った。少なくともこれは正解だったと思う。

カーターがこれまでのやり方を変え、父親のいつもの助言なしに試合後の振り返りをすると決めると、トンプソンは脅威を感じた。ふたりはずっと固い絆で結ばれたチームだったのだ。部外者の私が入り込んだせいで、カーターはその関係性を壊してしまった。この一時的な変化が父親を不安にさせた。これまで積み上げたものを失うのではないかと恐れた彼は、息子を自身のコントロール下に取り戻そうとした。トンプソンは自分自身のことについて、そして息子との関係が変化することへの恐れについて考えていた。何がカーターの助けになるかを考えてはいなかった。カーターは二度と私のオフィスに来なかった。

ただ、希望の光もあった。私への相談をやめたカーターだが、次の試合への修正点を自分だけで考える決心をしたのである。父親の強硬な抵抗にもかかわらず、勇気を持って押し切った。父親が息子を私のオフィスに行かせないようにして昔の親子関係を復活させたときには、カーターはすでに、自身への期待の高さゆえのプレッシャーを感じた際にどうやって集中力を切らさないようにするかという課題に取り組んでいた。彼はその後のシーズンも大暴れして得点を稼いだ。私には十分すぎるほどの結果である。

どれだけ善意から出た行為であっても、親はそれによって子どものパフォーマンスを邪魔する可能性がある。カーターのケースはそのひとつの事例にすぎない。親はとんでもない力を持っている。心強い味方になることもあれば、容赦ない敵に思えることもある。たいていの親は子どもに幸福で優秀な人間になってほしい。子どもの可能性を育み、持てる才能を遺憾なく発揮させるために、精神的な支援、お金、時間、その他様々なものを提供する。

子どもがどんな年齢でも、親は基本的な条件を守るだけでその子の喜びや成功を最適な形で実現できる。まずは適切な振る舞いをすること——例えば子どものイベントを見るときは（見る前と見た後も）落ち着きを保つ。子どもの能力に対して過度な期待を抱かず、現実的になること。それから、子ども自身が置かれた状況について本人に決定を任せる、または決定に参加させること。情緒が安定して独立心の高い人間は、人生のストレス要因にもパフォーマンスの重圧にもうまく対処できるものだ。

親が関与すると各方面で問題をややこしくし、やる気をくじくことが多い。対立や反感、否定的な態度、軽蔑的なコメント、支配的な振る舞い、過度の結果重視、他人との比較、他の親との競争……これらはどれも、自ら考えてハイパフォーマンスをあげられる人の育成には逆効果となる。ましてや困難にもめげず優れた問題解決能力を発揮する人が育つとは考えられない。スポーツや音楽、学校、舞台など、分野や場所のいかんを問わず、親が深入りしすぎると子どもに精神的な重圧をかける恐れがある。

本章で紹介するのはパフォーマンスをめぐる親子の事例であるが、それらは親に限らず、権限や権力を持つ人、信頼される立場の人全般にとって参考になるはずだ。私たちはいつなんどき支援者や助言者の立場になるかもしれない。だから正しい支援の仕方を知る責任がある。せめて間違った支援はしないように努めなければならない。

動機は純粋か

親にはある種の強制力がある。親という仕事にはそういう一面がある。たやすい道ではないが、せっかくのチャンスをがんばってものにせよとか、この有意義な仕事を最後までやり遂げよと励まされて、子どもは成長し、目標を達成する。しかし、背中をやさしく押してやるのと、乱暴に押しつけるのとでは大きな違いがある。その違いをわからない親がいる。

娘が大学の勉強で悩んでいると、母親から私に電話があった。娘のマデリンが次の試験のストレスを乗り切れるよう力を貸してくれないかという。今度もまた落第したら退学せざるを得ないらしい。私はマデリンに電話をしたが、もう手遅れだった。試験はあと数日に迫っており、本人もすっかりお手上げ状態だったのだ。最善を尽くしてはみたものの、試験には合格しなかった。

でも合格しなかったことで、マデリンはプレッシャーから解放された気分だった。そもそも大学に行きたいとは思っていなかったからだ。彼女は両親にホスピタリティー関連の仕事に就きたいと話した。両親が希望する金融業界を目指して無理をするのはやめたいと。しかし、うんと言ってもらえなかった。「他の親たちにどう思われるか？　あの人たちの子どもはみんな就職せず、大学へ行って親と同じようなキャリアをたどっているのに」という反応だった。

2カ月後、母親がまた電話してきて、マデリンを別の大学に志願させるつもりだと言った。その大学は前の大学よりもさらに難関とされていた。私は心配になって、なぜなかなか入れそうにない大学を受けさせるのかと尋ねた。たとえなんとか入学できたとしても、授業についていけないだろう。それこそ自滅行為で、マデリンが精神的に参ってしまう。母親はほとんど聞いていなかった。娘の成功を望む母親のストレスが問題の核心であるのは明らかだった。

次に聞いたのは、マデリンがこの一流大学に合格したという知らせだった。私は首をひねった。しかし母親が、マデリンが入学を希望していた学部に奨学金プログラムを設立したことを知って納得したと同時に、大きなショックを受けた。要は裏口入学みたいなものだ。この母親は自身の浅はかな願望のために娘をあえて危険な状況に追い込んだのである。両親のばかげた期待のせいでマデリンの精神は損なわれ、彼女は専門家の助けが必要になった。授業についていけず、卒業もできなかった。

マデリンの事例は極端かもしれないが、親が判断力を失いがちだという典型例でもある。多くの親は自分たちの過保護に気づかない。気づくのが怖いのかもしれない。子どもの宿題を手伝いすぎる親もいれば、先生に得点の水増しや再試験を要求する親もいる。フィールド外から審判にやじを飛ばす親もいれば、クロスカントリーレースで子どもに伴走しながら檄《げき》を飛ばす親もいる。

親だけではない。権限を持ち、誰かを管理・監督する立場の人はみんな同じように判断力を失う可能性がある。選手の実績ではなく、努力の跡や個人的な態度をもとに賞罰を決めるコーチがいるかもしれないし、好き嫌いで部下の昇進を決める上司がいるかもしれない。

権限ある立場についたら、時には一歩引いて全体を見渡そう。自分自身を見つめ、部下や選手が自力でパフォーマンスを発揮できるようにサポートできているかどうかを確認しよう。

「我々が一番わかっている」症候群

我が子がスターになることを夢見る親は多いが、中には生まれつき才能が豊かな子どもに恵まれる親もいる。「あの子の親なんですから。子どものためを誰よりも思うのは私たちだけです」とショーンとジェンマは言った。高級会員制ゴルフクラブの一室で、彼らは息子のデボンがプロゴルフの大会に備えるのを見ていた。ここで良い成績を残せば、多額の賞金を手にし、スポンサーの協賛を得ることができる。

デボンは実際に勝利を収めた。一気にランキング入りを果たし、有名になった。ショーンとジェンマは、これは自分たちの力だと思った。彼らはデボンのキャリアを実質的に支配した。念願だった別荘を物色し始めた。だんだん口うるさくなり、サポートスタッフを不当に処遇したかと思うと、トレーナーにはデボンのコンディションについて文書で毎日報告するよう要求した。その一方でデボン本人の望みや気持ちにはお構いなしだった。

この両親は自分たちがチャンピオンを一からつくり出したと思っていた。息子のためなら何でもやってきた。トーナメントに出場させ、トレーニングの資金を出し、荷物運びをし、食事をつくった。デボンのために我が身を犠牲にしてきたのだから、「投資に対するリターン」を得て当然だと考えていた。息子のキャリアを開拓しているつもりだったのだろうが、結局は自分たちのためを考えているにすぎなかった。

子どもは投資対象ではない。子どもの成果は子ども自身のものだ。その成果は彼らが達成したのだから当然である。子どもを成功へ導くために時間とお金を投じたからという理由で、そのお金が返ってくると考えるのはおかしい。子どもを助けるのは親の仕事である。

ご想像の通り、事態はおかしな方向へ行ってしまう。デボンは偉大な選手だったけれど、重視するものがプレーの上達から勝ち続けることに変わってしまった。楽しかったゴルフが今は恐ろしい。敗北の言い訳を探し、練習を休む理由さえ欲しがるようになった。パフォーマンスは落ち、喜びもなくなった。両親は息子を守るはずだったのに壊してしまったのだ。

子どもの成功にここまですがって生きる親は少ないだろうが、「我々が一番わかっている」というこの考え方は、たとえわずかであっても、善意の保護者の振る舞いを台無しにする可能性がある。

邪魔をしない

親にはまだ驚かされることがある。MLBのドラフト会議のとき、私はクライアントチームの有望選手にインタビューしていた。ビデオ通話によるインタビューは半分ほど過ぎていたが、どうも気持ちが悪い。選手は用心深くはぐらかすような態度をとっていた（これは珍しいことではない）かと思うと、いきなり前言を翻したりする（これは珍しい）。何かがおかしかった。

会話の途中で何度か横をちらっと見るものだから、誰かそこにいるのかと尋ねた。するとにこやかに笑う有名な人物が顔を出した。選手の父親であり、かつ殿堂入りしているスーパースターでもある。彼は息子にこっそり指示を出していたのだ。インタビューはぶち壊しである。ベースボールを極めた専門家として息子の面接に関わろうとしたようだ。

彼は自分が行動分析の専門家ではなく、あくまで野球の専門家だということを忘れていた。そのいらぬ指示のせいで、息子は理性のない衝動的な人間、つまりはチームが絶対に投資したくない選手に見えてしまった。幸い、父親はすぐに退場し、私たちは無事インタビューを終えることができた。

思い通りに対応できるようになったその選手は落ち着きを取り戻し、本当の自分を見せることができた。子どもはそれぞれが抱えるストレスに自力で対処する能力を持っている。そしてそう信じることが自立を促す。親や助言者としての権限は、独立を遅らせるのではなく促すために用いなければならない。子どもの邪魔をせず、ただ見守ることも時には必要だ。今回の場合、父親は息子の面接への準備を手伝うことに時間を割くこともできた。実際、経験に基づく知識があったかもしれないし、落ち着いてそのままの自分を見せろと息子を励ましてもよかった。

親の中には感情をうまく制御できない人たちがいる。ミミは娘のアラナがテニスのジュニア選手権に出るのをやめさせようとしていた。アラナはすでにテニスのチャンピオンで、母親は娘がトップ選手でい続けられるよう熱心に活動していた。アラナは前の年、13歳でアンダー14を制しており、今度は連覇がかかっていた。しかし母親は別のプランを持っていた。

このトーナメントはアンダー14もアンダー16も同じスケジュールで行われるため、アラナはどちらかにしか出場できない。ミミは娘をアンダー16に出場させたいと考えたが、コーチたちがそれを拒否した。彼女の成長のためには今年も同じ年齢グループでプレーしたほうがいいとの見解である。ミミはそれでも譲らず、一度勝っているおない年の子たちとプレーさせたら、国際的スターの座になかなかたどり着けないではないかと理屈をつけた。上達を望むなら、自分より強い可能性がある年上の子たちと戦わなければならないとミミは主張した。するとコーチは、自分たちの決定が気に入らなければ大会そのものを辞退してくれて構わないと言った。

ミミは諦めなかった。私のオフィスに支援を求めにきた。アラナと私は彼女が12歳の頃からの付き合いだ。両親が熱心なのは知っていたが、これはちょっとやり過ぎだと感じた。アラナの才能は明らかなのに何をそんなにやきもきしているのかとミミに訊くと、「この大切なトーナメントでおない年の子に負けたら、あの子は怒ってしまう」と答えた。そして「もし間違って決勝で負けたりしたら、いいえ、決勝にも進出できなかったら、娘の気持ちをどう支えたらいいのかわからない」と続けた。

もちろん、こんな考え方はまったくばかげている。前の年、アンダー14の中でも比較的若かったアラナはプレッシャーが少なく、勝つことも期待されていなかった。だからミミもリラックスできた。しかし今年、アラナが背負う期待は高く、ミミは緊張を強いられた。そしてバカな決定を下した。

優れたプレーヤーになるため、アラナは精神面をコントロールする必要がある。ミミはそのことに気づかなかった。連覇を果たすことは、重圧下での感情コントロールを学ぶ願ってもないチャンスである。重圧のない年上のグループでプレーするよりも、よほど将来の糧になる。大事な場面、絶対勝ちたい場面で勝てること、勝って当たり前の場面でも勝てること――それには精神的な強さが求められる。回避するのではなく訓練しなければならない。ミミは下手に干渉し、コーチにとって悪夢のような存在になった。図らずもアラナの邪魔をし、その将来の能力を知らぬ間に損なっていたのである。

ミミのようになってはいけない。子どもの将来を気にして最良のパフォーマンスを望んだら専門家になれるわけではない。親ができるのは、よく観察し、（子どもと自分自身の）ＳＯＳのサインを見逃さないことだ。今回の場合、アラナではなく母親がストレスを感じていた。親は子どものことは自分が誰よりもわかっていると思いがちだが、そうではないこともある。親自身の気持ちに問題があるときは特にそうだ。自身の精神的な規律を確かなものにすれば、子どもをもっと効果的に支援できる。

パフォーマンス全般に関していうなら、スポーツであれ、学校や音楽であれ、子どもを上のレベルにチャレンジさせたり、もっと高い目標を与えたりするのは、その子がそれを望んでいる限りはメリットがある。しかし多くの親は自身のステータスを上げるために、必要のない不健全なプレッシャーに子どもをさらしてしまう。「うちの子はおたくより出来がいい、だから私もあなたより出来がいい」という考え方がけっこう蔓延している。

親の意向を押しつけても子どもは一流にならない。子どもは追いつけ追い越せで刺激を与え合いながら成長するものだ。1ランク、2ランク上のパフォーマンスを期待した結果、子どもや若者のメンタルヘルスにどんな影響が及ぶだろう？　それがいつも心配だ。身体的・精神的な成熟には時間がかかる。12歳の子どもは12歳の子どもと競争させよう。生涯役に立つソーシャルスキルやメンタルスキルを身につけさせてあげよう。もし他の子より出来が良かったら、それはそれでいい（優越感を味わったとしても一時のことかもしれない）。もしそうではなくても、すべての子どもがチャンピオンになりたいわけではないし、なる必要もないことを覚えておこう。

罰を与える親

子どもへのサポートが大切だということにほとんどの親は賛成するだろうが、それを「条件付き」のサポートにする親が中にはいる。マディソンの母親リンゼイは、娘がテニスの試合で勝ったときは満足を感じてプラス思考になったが、負けたときはマイナス思考の危険な人間になった。マディソンは言う。「負けると取り乱すんです。勝ち続けないとお金を出さないと言い始める始末で、そうなったらトーナメントにも出られません。まるで私が勝とうとしていないみたいな言い方をします」

母親が取り乱すとマディソンはテニスに集中できなくなった。当たり前の話だ。「母がキレて『あんたは自分勝手だ、もう知らないから』と言い出す前に会話を打ち切ることを学びました」

マディソンは母親から侮辱されるたびに腹を立て、嫌な気分になった。そしてもっと悪いことに、お決まりの暴言に耐えるしか選択肢がなかった。

私は母親としての見解を聞き、何ができるかを探るため、リンゼイに電話した。最初はガードが堅かったが、マディソンを助けるためだと知ると緊張を解いた。彼女自身なんらかのストレスを抱えており、話をするチャンスができたことを歓迎してくれた。リンゼイは自分自身が抱える困難のせいで、娘にストレスを感じさせていることに気づかなかった。厳しく接することがあるのは自覚していたが、人をやる気にさせるにはそうする必要があると考えていた。私たちはモチベーション（第5章）について話し合い、マディソンがどうやって自分自身でモチベーションを保ったらよいかを相談した。

マディソンは勝たなければならないと強く思っていたから、勝てなかったときにたびたび母親に八つ当たりし、それが今度はリンゼイを苦しめた。娘は母親に非難されていると思い、母親は娘にわかってもらえないと思っていた。そもそもの始まりがどうだったかはわからないが、それはもうどうでもいい。母と娘は今や自己防御のサイクルに陥っていた。ふたりはそこで重要な話し合いの場を持ち、それぞれの痛みや希望、それぞれに対する感謝について語った。リンゼイはマディソンにもっと敬意を持って接するようになり、マディソンは自分の思いをもっとうまく表現できるようになった。

いつもこれほどうまくいくとは限らない。条件付きのサポートであると感じられるだけでも、少しずつ悪い影響が出る。自分のサポートが条件付きだと考える親はほとんどいないだろう。なぜなら、愛する子どものために精一杯尽くしていると信じているからだ。子どもに能力を最大限発揮してほしいなら、結果ばかり考えるのをやめられるように手を貸さなければならない。

親として、子どものパフォーマンスの前と最中だけでなく、その後に何をするかも重要である。ブレイディは黙っていた。とにかく無事にやり過ごして家に帰りたい、それだけだった。サッカーの練習試合は終わったけど、あまり良い内容ではなかった。車に乗り込み、シートベルトを締め、待つ。車は駐車場からも出ていない。そこへ父親のフィードバックが始まった。「あのザマはなんだ。チャンスでなぜシュートしない？」。それから「ぼうっと立ってるなんてのろまのやることだ。試合中はずっと動き回れ。時々じゃないぞ、ずっとだ」。ブレイディは嵐が過ぎ去るまで待とうとしたが、父親の愚痴は止まらなかった。「お父さんが求めるレベルじゃ全然ない。フィールド上ではもっと足を動かせ、コミュニケーションをとれ」

ブレイディの父親はサッカーの経験がなかったが、どういうわけか的確な指示を出す義務があると考えていた。フィードバックはたいてい批判的・否定的な内容だったが、彼は必ず「これもブレイディのためだ」と力説した。ブレイディは自分のプレーについて父親に話したかったが、この何の助けにもならない批判がふたりの関係を駄目にしていた。

我が子が車でいっしょに帰宅するのを怖がっていると知ったら、たいていの親はうろたえるだろう。でも子どもの支援の仕方をわかっていないと、まさにこういうことが起きる。やむことのない批判と非難、それもまたひとつの罰である。

我慢できない親

私たちは歳をとるにつれて、大人になるには時間がかかるということを忘れてしまう。それに、人によって成熟の速度も違う。

ある母親が学業優秀な娘を私のところへ連れてきた。テニスの練習では出せる実力が本番で発揮できないのだという。10代の娘の名はジニー。本人によると、試合中に相手のほうが強いと思ったら、すぐ諦めてしまうらしい。自分より技術的に優れた相手に劣勢になると、気持ちがすぐ萎える。たとえ接戦であっても、もう勝てないと考え始め、それが彼女らしくないミスを誘う。そしてマイナス思考がさらに強くなる。

反撃しようとしないから、対戦相手のほうが本当に強いのかどうか試しもしない。その後は諦めの境地でさえないプレーを続け、試合は終わる。それで私たちは打開策を探ることにした。最大の障害は緊張だった。落ち着くための呼吸の仕方を知っているか尋ねると、彼女は笑って、息はずっと（ボールを打つときも）止めていると言った。いくつかの簡単な練習（第12章）で呼吸の仕方を覚えてもらった。次にセルフトークにも焦点を当てた。接戦になったときに彼女が自分自身に投げかけるネガティブな言葉（どうやら周りにも聞こえるくらい大きな声の独り言らしい）を書き出してもらった。私たちはそれを手直しして、試合に集中し直すための建設的なメソッド（第14章）を考え出した。彼女は好パフォーマンスのきっかけとなる重要な動作をひとつ決め（ラケットを振り抜く）、それに関連するポイントを書き出した。

やるべきことを知って進歩し始めると、ジニーは躍動した。8カ月後、母親がまた連絡をしてきて、娘がかつてないほどよくプレーできるようになったこと、しかし同時にかつてないほど不安がっていることを伝えた。学業成績を維持しながらテニスもがんばらなければならないというプレッシャーで眠れないらしい。それくらい「ピリピリしている」と母親は言った。これは相当な重圧だし、なんといってもジニーはまだ15歳だ。

しばらくは彼女のスケジュールを見直すことを提案しようと思った。精神的な落ち着きや判断力を取り戻すための時間的余裕を与えてやること。コート上ではすでに効果が示された心理メソッドを、睡眠や学校をはじめとする心配事にも適用すること。パフォーマンス改善のために身につけたノウハウは生活のあらゆる面に適用できる。冷静さ、集中力、意図に基づく行動、計画実行の徹底、パフォーマンスの振り返り……これらはサーブの完成度を高める上でも、安眠を手に入れる上でも驚くほど効果がある。そしてジニーはこのライフスキルを良い時期に、すなわち若い時に学んでいた。母親は私に、メソッドを利用すると効果が表れるが、娘はそれを十分に利用しないだろうと言った。それからこう付け加えた。「ストレス軽減の薬を薦めようと思っています」

娘は精神的に未成熟だと母親は思っていた。しかし15歳の少女に大人のような精神的成熟を求めてどうするのか？　不安の原因への対処の仕方を娘に少しずつ学ばせるのではなく、手っ取り早い解決策を母親は選ぼうとしていた。私はまず自らをコントロールする方法を学んでほしかった。薬はその後でいい（どうしても必要なら）。

不安を抑える薬が必要な場合もあるが、今回のように慢性的ではない症状や過密スケジュールに対しては、ゆっくり休息をとり、様々なメンタルツールを使って対応するのがたいていは一番の解決策である。

もし今の状況に打ち克つことができれば、これからの人生のあらゆる課題も冷静に乗り越えられるだろう。私たちは誰もがストレスや不安への対処法を学ぶ必要がある。子どもが精神的に苦しんでいるのを見るのはつらいし、早くなんとかしたいと思うのも無理はない。しかし、あまりにも急いであまりにもたくさんのことをやろうとするのは、子のためにも親のためにもならない。

我慢できない親にはいろいろなタイプがある。ある父親（ハリソン）は息子のワイアットが東海岸の一流大学のボート競技プログラムで奨学金を獲得することを熱望していた。それを確実にするためには、ワイアットはまだまだタイムを短縮しなければならない。ハリソンは息子を容赦なく追い込んだ。ローイングマシンを買ってリビングの真ん中に置き、ワイアットがいつでもトレーニングできるようにした。毎日のようにそのマシンを指差し、いつ速いタイムを出して将来のコーチに提出するんだと尋ねた。ふたりのやりとりはいつも結果をめぐるものだった。もっと良い結果を出す、それがすべてだった。

ワイアットは精神的に参ってしまい、自己ベストを出そうという気がなくなり始めた。やれるとは思っても、気持ちが張り詰めすぎてチャレンジできない。親からの強い圧力が彼のパフォーマンスの妨げになっていた。父親はむしろ一歩下がる必要があった。

そこで私はそうするよう助言した。多くの親と同じように彼は驚いていた。息子が問題を抱えたときの自分の役割についてよく考えたことがなかったのだ。息子は自分と違って天賦の才がないから、強い後押しが必要だとハリソンは考えていた。実際には、ワイアットはアートでもスポーツでも学校で常に目立つ存在だった。不安でいつもせいているのは父親のほうだった。息子を支援するつもりだったのに、うるさく言いすぎて結果的にかえって息子を苦しめた。

何かを変える時だった。私はハリソンにボートの話を2週間我慢してほしいと言った。その間にワイアットと私はタイムトライアルへの取り組み方について話し合う。ハリソンは同意し、その約束を守った。

父親の邪魔がなくなると、ワイアットは思うようなタイムを出すことができた。それに奨学金も獲得できた。父親がもっと早くこの状況から距離を置き、ローイングマシンをわざわざ買ったりしなければ、もっと早く楽にそういう結果を出せただろう。子どもにとっても親にとっても、パフォーマンスは必ずしも簡単な問題ではない。では問題が複雑になりすぎたとき、何が起きるだろう？

これも10代のクライアントのケースである。エリーは涙を浮かべて「パパがやめさせてくれない」と私に訴えた。水泳選手の彼女はひたむきに努力しているのに自分の基準タイムになかなか届かなかった。プールではこちらに落ち度がないのに他の選手に抜かれてばかりで、もう嫌気がさしていた。父親はもっと一生懸命努力しないと駄目だと言う。彼女は残りのシーズンにどうやって耐えたらよいのかわからなかったし、私は父親がどういう教えを伝えようとしているのかわからなかった。

目標達成のために一生懸命粘り強く努力することには誰も反対しないだろう。しかし問題はいつ終わらせるかだ。いつ期待のレベルを修正したり、踏ん切りをつけたりするのか？　それは目標が非現実的なものになり、なおかつそこばかり目指していたら他のことが何もできなくなるときである。投げ出すのではない。もっと生産的で健全な目標に乗り換えるのだ。

様々な原因で目標は変わるし、調整や修正が必要である。この場合、エリーの父親は自分の願望やかなわぬ夢から娘を解放して、彼女のメンタルウェルビーイング（心の健康）を高めなければならなかった。ところが反対にスポーツの喜びや彼女の自尊心を損なっていた。精神的なダメージは長く続きかねない。

もちろん、すべての親がこれほど子どもを悩ますわけではない。しかし「絶対投げ出すな」と子どもにアドバイスする親は多い。これはしばしば間違った助言になる。投げ出すのではなく、人生において次なる前向きな目標にチャレンジすると捉えればよいではないか。

良い親はどこにいる？

どこにでもいる！　ただ、ちゃんと仕事をしているから目立たないだけだ。良い親になるには基本さえできていればいい。

子どもを正しく支援する親はどんな時も平静を保ち、子どもにも同じことを求める。子どもを見守る際はポジティブな（少なくともニュートラルな）姿勢を崩さない。勝ち負け一辺倒ではないフェアな人間であること（何歳であっても）の重要性を説く。そして子どもの協力者の話に耳を傾ける。

良い親はたとえ専門家並みの知識と経験があってもしゃしゃり出ず、指導はコーチに任せる。外野から勝手にコーチするのは感情に駆り立てられた行為であり、チームの団結を乱すと知っている。子どもに関係のある意思決定にはその子本人を（たとえ若くても）関与させ、パフォーマンスの結果の良し悪しだけに左右される親子関係は築かない。子どもの意見を聞き、現実的な期待を抱く。

完璧な親はいない。しかし良い親は子どもを見守っているときの自分のストレスの原因を理解し、対処法を見いだす。あなたがもし心配で子どもの競技を見ていられないのなら、家にいるのが最善策かもしれない。妻や夫といっしょに見ているといらいらするのなら、場所を変えよう。ブレイディの父親はそれに気づいた。息子のサッカーの練習試合をすべて見に行くのはやめにした。見に行ったときは帰りの車でコミュニケーションを意識した。「落ち着いて、まずは前向きな話題から」と自分に言い聞かせた。ブレイディにたくさん質問し、その答えをしっかり聞くようになった。ブレイディは父親といっしょにいるのがまた好きになった。

子どものストレスの原因を知り、それに対処するのも重要である。最も簡単で効果的なのは、安心して不満をこぼせる機会をつくり、不安や懸念を解消してやることだ。もっと干渉し、手を貸したくなるかもしれないが、いくら保護者とはいえ、子どもが試合に負けないよう守ることはできない。

子どものほうも強くならなければならない。ゴーカートレースの後に10代の息子を叱っている母親を見たことがある。息子が思い通りにならないと投げ出してしまうように見えたからだ。母親は彼の態度がスポーツ選手にふさわしくないと怒っていた。そんな振る舞いをするなら、あなたにとっても私にとっても時間の無駄であると。なかなかきつい言い方だが、私は彼女が正しいと思った。母親は勝ち負けに関係なく息子にただベストを尽くしてほしかったのであり、こういう場合は強めの叱責も仕方がない。しばらくして息子も母親が正しいことに気がついた。彼女は息子がビリでも構わなかった。全力を出してくれさえすればよかったのだ。

良き親、良き助言者とはつまり子どもと話し合う人である。親がいつも正解を知っているとは限らないからだ。そうすることで自立や自主性が促される。子どもは逆境を乗り越えて行動を起こし、人生を独力で切り開けるようになる。親はただ待っていればいい。大学の願書は子どもに出させ、助けを求められるまで手を貸さないことだ。あるいは、成績の良し悪しだけでなく、子どもの努力を褒めてやることだ。

満足を知らない親もいる。子どもが負けたら怒る。勝てば勝ったで、そんなの当たり前という顔をする。親の権限はストレスや緊張の原因になることもあれば、有能感やメンタルウェルビーイングを高めることもある。親の役目は子どもの今の成功を助けることだけではない。これからの人生で必ず経験する挫折を乗り越え、どんな時も最高のパフォーマンスを出せるよう支援するのが、親の最大の役割である。

第9章
人柄が大事なわけ

プロスポーツのチームや企業から、選手や従業員との契約前に意見を求められることがよくある。面接にオブザーバーとして同席することもあるけれど、たいていはその候補者に直接インタビューしてほしいと言われる。その人がどれだけ高く飛べるかとか、過去にどれだけの実績があるかとか、そんなことはどうでもいい。私はもっと別の資質に注目している。

ある時、NFLのチームに依頼されてこうした1対1の面接を行っていた。新しい選手が資産になるか、それとも負債になるかを見極めるのが目的だ。ある選手の面談の前、スカウト部長がひょっこり顔を出し、「やあ、次の奴の面接の時はドアをちょっぴり開けといてくれない？」と何気なく言った。こちらが困惑顔になるのを予想していたかのように、さらにこう続けた。「いやなに、あの男、何度か『事件』を起こしたことがあってね。ちょっと予測できないところがあるんで、もしもの時に備えて2、3人すぐそこで待機してるから」

ちょっと待って！　私は反射的に自分の椅子を後ろにずらし、選手の席との間にもっと距離をとった。それからペンを「いつでも刺せる」状態に持ち替えた（夜間、屋内駐車場にひとりでいるときのように）。でも体重130キロのアスリートが理性を失って向かってきたら、自分の身を守る術《すべ》はないだろう（ペンの有無に関係なく）。

NFLのドラフトは常に真剣勝負である。選考に失敗したらチームは金銭的に損失を被るだけでなく、フィールド上の成績にも響き、ファンにも申し訳が立たない。しかし、この手の趣向は私にも初めてだった。スカウト陣が欲しがっている有能な候補者について私が正反対の意見を述べたときは、彼らから散々なことをいろいろ言われるし、敵意を持たれたりもする。でも実際に殴りかかられる可能性を考える必要はさすがになかった。いったいなぜ、今回のようにフィールド内外で素行に問題がある、または行動が予測できないとわかっている選手の獲得を検討するのか？

この選手に関するチームのドラフト資料には「怒りっぽい」とか「人格に問題あり」と書かれていた。それでもフロントは、この選手の感情の爆発を試合中のアグレッシブなプレーにうまく活かせないかと考えているふしがあった。明らかに危険な人物なのに、意思決定者たちは彼をチームに引き入れることを真剣に検討していた。人格が才能やポテンシャル、パフォーマンスに及ぼす影響を過小評価していた。

人格とは言ってみれば、慎重かつ自制的に節度を持って行動できるかどうかの尺度である。考え抜いて行動できる人か？　他人の意見を聞く人か？　様々な状況で適切に振る舞えるか？　人格は日々の決定や行動を支える原動力である。生まれつき責任を持って合理的に行動できる人もいれば、いつ起きるとも知れない天災のような人もいる。

チームのドラフト選考や企業の社員採用を手伝うとき、その人のポテンシャルに注目するのも仕事のひとつだ。私は優れたパフォーマンスを常に発揮できる人を強く推す。第1章のコールというＮＨＬ選手を覚えているだろうか。彼は生まれ持った様々な性格のおかげでパフォーマンスを少しずつ向上させ、スカウトの予想を上回る活躍をした。一方、ＮＨＬのドラフトで上位指名されたベニーのような選手については、私は警告サインを出し、ポテンシャルを発揮するためにその人が改善しなければならない振る舞いを具体的に指摘する。

才能の有無にかかわらず誰が失敗する可能性が高いかを明らかにするのも、また仕事の一部だ。彼らの行動は次元がまったく違い、その極端な振る舞いは簡単には変わらない。残念ながら、すべての人をうまく育てたり、奇跡的に導いたりできるわけではない。

仕事でもプライベートでも重圧下で感情をコントロールできそうにない選手や従業員には、私は警告サインを出す。才能があるからという理由で、経営サイドはこの自己規律の欠如をしばしば正当化、許容する。衝動を制御できない、自制心がない、他人の意見を聞こうとしない――そんな危険人物は、何年もかかって築いた組織のパフォーマンス文化をいとも簡単に破壊する。一時的に品行方正であってもだまされてはならない。彼らはめったなことでは変われないし、成長も進歩もできないからだ。

危険人物の見分け方

警告サインの出る危険人物はどんなタイプか？　メイソンが良い例だ。

NBAのあるチームのドラフト対策会議。フロントをはじめ、スカウト、メディカルスタッフ、スポーツ科学スタッフなどの関係者が上位指名候補者について意見を言うことになった。すべてはスムーズに進行していたのだが、私がメイソンについて意見を述べる番になって雲行きが変わった。私のコメントはおおよそ次の通りだった。彼は試合中の態度に波がある。コーチの決定に賛成できないと遠慮なく衝突する。自己中心的で、関心があるのは自分のことばかり。そして注目を浴びたがる。長いシーズン、試合中でもそれ以外の場面でも彼のマネジメントは困難を極めるだろう。ここまで言って顔を上げると、全員がぽかんとした顔でこちらを見ていた。

メイソンが危険人物だなんて誰も聞きたくなかった。あるスカウトは「でもプレーはそんなふうじゃありません。確かに熱くなりやすいかもしれないけど、とんでもなくタフです」と反論した。このスカウトは何カ月もかけてメイソンを見ていたから、態度の悪さくらいでその苦労が台無しにされてはかなわないのだ。彼はメイソンの才能と可能性を感じていたわけだが、それはそれ。

「確かにタフかもしれません」と私は同意した。「でも毎試合それが期待できるとは思いません。それどころか、試合中ずっと全力プレーというのも無理でしょう。気分屋なので、スイッチが入ったかと思うとすぐ切れてしまいます。短気で、いら立つとすぐキレる傾向があります」

別のスカウトは私に賛同して、自分もあの選手のそういう振る舞いを見たことがあると言った。でも私の話はまだ終わっていなかった。「後々への影響をよく考えずに行動するきらいがあり、コート上でもコート外でも信頼できません。必要に応じて自分を抑えることはできないでしょう」

このチームはメイソンをドラフトで獲得しなかったが、その後5年間、彼をトレードで加入させ、同じくトレードで放出するということを2度も繰り返した。どちらの場合も彼の振る舞いが放出の原因だった。すなわち、プレーに波がある、ヘッドコーチの指示に耳を貸さない、試合を離れても素行が悪い。人格は大事である。

危険人物の行動はすぐにはわからないかもしれないが、いずれは表に出てくる。ジェイはあるPR会社のCEOで、もう10年以上トップの地位にあった。しかし、帳簿を勝手にいじるわ、経歴をごまかすわ、自分の貢献を誇張するわ、自分のミスを人のせいにするわで、いっしょに仕事をしづらい男だった。大口ばかりたたき、自分が望む状況をつくるためならどんなことでも言う。昇進やプロジェクトを約束しても守らない。CEOでいられたのは経営手腕があったからではなく、悪行がばれないように先回りできたからだ。彼はその振る舞いが明らかになる前に別の会社へ移った。ジェイは何も変わらなかったが、彼が去った後には決まって人々の苦悩や苦難が残された。新しい会社は過去の仕事ぶりについて事前にもう少し調べておくべきだった。

人格的に成熟した人は自分の行動についてよく考え、ストレスやプレッシャーにさらされてもたいていは適切に振る舞える。しかし危険人物は常に他者に厄介をもたらし、組織の文化に悪影響を与え、いずれは全員のパフォーマンスを損なう（最初は組織全体の成功に寄与するように見えても）。

危険人物と組織文化

ジェレミーはついに完全に孤立した。2年かかったが、ようやくクラブハウス全体が「反ジェレミー」一色になった。選手の半分は彼を追い出したいと考え、残る半分は彼を全力で無視した。ジェレミーは野球選手としては身体的にも技術的にも明らかに優秀で、スター選手になれる逸材だったが、いかんせん衝動的で感情をコントロールできなかった。

物事が思い通りにならないと、手がつけられないほど大声をあげ、傍若無人に振る舞った。物事が思い通りになったときも、手がつけられないほど大声をあげ、傍若無人に振る舞った。愉快で魅力的な男と言えなくもないが、あちこちで怒鳴り散らし、けんかを吹っかけるのは考えものだった。バットでチームメートを脅すこともあった。遅刻の常習犯で、クラブハウスの規則を守らない。熱心に練習していたかと思うと、さぼって無駄話をしている。どんちゃん騒ぎが好きで、夜遅くなってもやめようとしない。スピード違反の切符を切られて免許停止になりかけたことがある。機嫌の良し悪しがはたからはわかりにくい。本人にそのつもりはなくても非常に迷惑な男だった。自己抑制が利かないとしか言いようがなかった。

コーチ陣さえもお手上げの状態だったが、フロントはなんとかしてジェレミーを更生させ、せめて何人かのチームメートには溶け込めるようにできないかと考え続けた。状況はまったく改善しなかったが、フロントは敗北を認めたがらなかった。時々は行儀よくできるじゃないかと。彼らはジェレミーのポテンシャルに対する自分たちの眼力に酔いしれていた。他のチームが見逃した類いまれな選手と契約することで、リーグ全体を出し抜いたと考えていたのだ。

最初こそ彼らはそのようにうぬぼれて自己満足していたが、今やジェレミーの生産性のなさ、クラブハウスでの悪ふざけ、球場以外での素行不良に嫌気がさしていた。多額の給料、何人ものメンター（助言者）、トラブル防止のためにあてがった警護スタッフ、オーナーやゼネラルマネジャー（GM）との腹を割った話し合い……そんなふうにあれこれ面倒を見てもこの男を変えることはできなかった。ジェレミーの人格はパフォーマンスの妨げとなり、チームの文化を壊していた。完全な失敗作であった。

ついにフロントも望みを捨てた。彼の行動を長く受け入れすぎたことを悟ったのだ。誤った投資による深刻な痛手を認め、ジェレミーをトレードに出した。

しかし遅すぎた。ジェレミーが長く居座り続けたせいで、グラウンドやクラブハウスでのチームの秩序が失われていたのである。チームの規則は全員に徹底されていなかった。選手は不平をこぼし、スタッフは後ろ向きになった。互いへの不信感から派閥ができた。勝ちたいという意欲が減退し、負けて平気な者も現れた。士気は下がり、幹部のリーダーシップが疑問視された。人格は個人の枠を越え、チームのパフォーマンス文化に影響を与える。危険人物の存在に気づいたら、手遅れにならないうちに出て行ってもらうことだ。

危険人物への対応

危険人物がいるかもしれないと認識するのが第1ステップ、危険人物を特定するのが第2ステップである。では次にどうすればよいか?

シーズンオフにあるチームから、ルーカスという選手のインタビューを頼まれた。チームはこの非凡ながら物議を醸す選手との契約を検討していた。リーグ周辺での噂によれば、ルーカスは「個性が強すぎる」とのこと。過去に懲戒処分や降格処分を受けたことがあったが、チームはそれでも検討の価値があると考えていた。私は了解した。その人物について正しい情報を知るのが常に一番重要であり、それには直接話をするのも大きな意味があるからだ。残念ながら、悪意があるかどうかにかかわらず、人の評判は誇張や嘘によって簡単に傷つけられる。雇用者やスタッフ、同僚の自己利益や保身などのせいで、誰かが不必要に生きづらくなる事例を、私は数多く見てきた。権力者といえども人格に劣る人はいる。

　ルーカスがフィールド上の練習でコーチ陣に好印象を与えるのを見届けた後、私はホテルで彼にインタビューした。人を惹きつける活力、おおらかで前向きな態度が見てとれたが、やはり危険人物と言わざるを得ないと思った。衝動を制御するのが苦手なため、誰かを傷つけようがどうしようが、真偽の別なく言いたいことを言ってしまう傾向があった。直情径行《けいこう》型で、よく考えずに感情の赴くまま行動した。自分では楽しいことが好きなだけだと思っており、時にはそれも事実だったが、度が過ぎることがあまりにも多かった。それがルーカスという人間だった。子どもじみて自己破壊的な振る舞いはそれまでのキャリアを通じてなりをひそめることがなく、自制心のなさゆえ、少なくとも当面は贖罪など期待できそうになかった。

信じられないことに、チームはなおも契約オファー、それもかなり高額のオファーを出したがった。私はこれはリスクが大きいと思った。ルーカスに対してはよほどのサポートや目配りが必要になるだろうし、チームとして「出口戦略」を用意する必要もあるだろう。オーナーとGMはこれに同意した。私たちはルーカスが最大限満足して試合に臨めるようなレベルの、お金をはじめとするリソースを提供する。ただし、良くない振る舞いの兆候が最初に見られた時点で、チームはルーカスをトレードに出す方向へ舵を切る。それはチームを財務的に守るため、ファンの怒りを買わないためである。ルーカスと代理人は同意した。

トレーニングキャンプは問題なく過ぎ、ルーカスの貢献が有望視されたが、何週間もたたないうちに彼は本来の姿に戻ってしまった。ベテラン選手たちは彼の自分への甘さや利己的な態度に不服を唱えた。練習中の態度もずっと不真面目で、自分のミスをチームメートやコーチのせいにした。シーズンはまだ始まってもいなかったのに経営陣はさじを投げ、3日後にはさっそく彼をトレードに出した。

危険人物がいたら、パフォーマンス文化や生産性が被る犠牲に組織が耐えられるかどうか、真剣に検討したほうがいい。とりあえずそのまま行こうとするなら、出口戦略を用意しておくことだ。そして、一線を越えたらどうなるかを明確にし、相手にわからせておこう。人間の振る舞いには、長い間なかなか変えられないものがある。そして、そういう振る舞いをする人は変わろうと努力しない。だから危険人物がいるときにできることは、最善の結果を願い、それを支援すること以外にはない。その人を手助けするためにできることをすべてやり、しかし同時に最悪のシナリオにも備えよう。

才能よりも人格

正しい人材がいれば、チームや会社を成功に導きやすい。組織のパフォーマンスを大きく高められる人こそが、良質な結果を得るためのカギである。ただ興味深いことに、スキルや才能を持った人を探すよりも、危険人物を回避するほうがずっと効果があるようだ。

多くの人は年齢と経験を重ねるにつれて成熟するが、危険人物はいわば人生へのアプローチに苦戦する傾向がある。彼らは深く考えずに軽はずみな行動をとりやすい。自分本位で、衝動的に行動し、ルール無用で満足を追求する。すぐ感情的になり、文句を言う。自分にも他人にも甘く、反発することを楽しみ、社会的な責任をとろうとしない。じっくり考えて行動する、自分勝手に行動しないという努力はできても、長続きしない。

ある出版社の幹部から、著者と出版契約を結ぶ際の「人格ルール」について聞いたことがある。その幹部はちょうど、ベストセラーリスト入り間違いなしの著名なビジネスリーダーと会ったばかりだった。問題はこの企業リーダーの態度にあった。編集者やマーケティング担当者のチームと仕事をするとき、傲慢で横柄な地が出るのではないかと出版社幹部は思った。まだ「半危険人物」程度ではあったものの、この幹部は部下の編集者らの士気を削ぐことを恐れ、契約を見送った。

このような苦渋の決断には、お金に転ばない潔さと勇気が求められる。もし選考過程で厄介な人物を回避できるのなら、そうしたほうがいい。感受性訓練をいくらやったところで危険人物のコア部分を変えることはできないからだ。もし組織の中に危険人物がいて、その人がいたずらにグループの和を乱しているようなら、本気で解雇を考えたほうがいい。組織を去ってもらうにはもちろん注意深い対応が必要だが、やるなら早ければ早いほうがいい。

危険人物に対する責任を負おうとしない企業は少なくない。気づかないふりをして「なんとかうまくいきますように」と願っているほうがよほどラクである。その人の才能や可能性に惚《ほ》れ込んで組織に連れてきた場合はなおさらだ。しかし危険人物は組織の長期的な成長力を危険にさらす。彼らを受け入れたら必ず何かしら影響が出る。強力なリーダーシップを発揮して、全体の価値観やビジョンから逸脱する輩《やから》をしつけようとする組織もないではない。しかしその場合でも、いずれ優秀なスタッフを失ったり、問題の多い職場という評判が立ったりする。

事前に十分な下調べをすれば、面倒な状況に陥らなくて済む。採用や獲得に当たっては、その候補者の紹介者に問い合わせ、人格や個性について具体的に尋ねよう。何か問題がなかったか、注目すべき対立や衝突がなかったかを確認しよう。「注目すべき」と書いたのは、中にはしかるべく必要な衝突もあるからだ。例えば、自分の勤務評定がおかしいとか、自分に関する誤った噂が流れていると思った場合、その状況に立ち向かって間違いを正さなければならない。衝突イコール無意味なけんかとは限らない。

正しい人たちを選んで仕事をするのも重要である。私はコンサルティング業務をするなかで、仕事を引き受ける前に危険人物を探すべきだということを身をもって知った。あるプロスポーツチームと契約した私は、シーズンが始まって数週間たった頃、フロントから呼び出された。どの選手とどんな話をしたか、その名前と内容を毎日書面で報告せよと迫られた。これが2度目である。もちろん今回も断った。それでクビになった。何かこうむしゃくしゃした気分だったけれど、まあそれでよかったのだろう。私が仕事をする場所ではなかったということだ。クライアントである選手の秘密を守るのは当たり前であり、フロントもそれを承知だった。なのに気にもとめなかった。経営陣は選手をまっとうに扱うものだと思っていたので、私は事前に気づくことができなかった。今は確認するようにしている。

あるNBAチームのオーナーが、気の荒い選手との契約交渉の最中、うろたえた声で電話をしてきた。私が電話に出るとすぐ、彼は思わずこう口走った。「あいつが殴りかかってくるなんてことはないよね？」。冗談ではなく身の危険を感じていたのだ。そんなバカなことがあっていいはずがない。危険人物をあえて組織に迎え入れようとするなら（お勧めできないが）、最小限の損害・損失でその人を放出できるようにしておかなければならない。危険人物のために仕事をすることになったら（これもお勧めできないが）、できれば最小限の損失といらいらで縁を切れるよう準備しておかなければならない。この上なく厄介でチームの害になりかねない人間でも、その才能やスキルに、従業員の幸せや生産性、幅広いパフォーマンス文化を犠牲にするだけの価値があるだろうか？　私の経験上、それはない。

パフォーマンス文化は守るだけの価値がある。パフォーマンス文化に優れた組織は危険人物を積極的に回避・排除しようとする。これには先見性や抑制力が求められる。というのも、ずば抜けた才能の持ち主は、周りが大迷惑を被るとわかっていてもつい雇いたくなるからだ。優れた文化の組織はこういう問題のありそうな人間を最小限に抑える。常に新たな人材を探そうとはするが、既存の人材を最大限活用することも大切にする。

優れた文化は行き先がはっきりしている。明確な目標があり、全員の役割が決まっている。そして組織メンバーの一人ひとりを重視する。つまり、各人が最善を尽くそうという気になったときに組織は最善の結果を得る。優れた文化には合理的なルールがあり、それが徹底される。メンバーは越えてはならない一線を理解し、何が期待されているかを把握している。

彼らは話もする。前向きで単純明快である。パフォーマンスが良くない人を励まし、改善を手伝う。そうしたローパフォーマーを無視し、ハイパフォーマーにその分を補ってもらおうとは考えない。会話があり、意見が交わされる。時に激しいやりとりもあるが、誰もが聞く耳を持ち、善悪が表明される。組織メンバーは出来が良ければ褒められ、他の部分の改善に向けた技術的・精神的な具体的アドバイスを受ける。相手への思いやりと敬意もある。

コミュニケーションは危険人物には効果がないが、人格者がいる場合はパフォーマンス文化に途方もない効果を及ぼす。優れた文化は個人の業績を積極的に促す。それはチームの成果につながるからという理由だけではなく、そうすることが正しいからである。

人格に投資しよう。人格が持つパワーは過小評価されている。

パート
2

重圧下でのパフォーマンス

第10章 すかさずギアチェンジ！

パフォーマンスを運任せにするのは危険である。ワールドツアーの大事な試合の前日、そのプロスカッシュ選手は私に言った。「ちょっとナーバスになっています。ショットが完全ではない気がして。明日はリラックスしてプレーできればと思いますが」。このクライアントは世界でも指折りの選手で、正しいショットの仕方がわからないはずはない。彼は諦めていた。負けたくはないけれど、この不安のせいで試合に集中できていなかった。

コート上での行動ではなく、希望（「できればと思います」）にゲームの行方を託すのはばかげている。私は提案した。「この前話し合ったプランのように何か具体的で信頼できるものについて考えるようにしたら？　それにこだわればベストを尽くして満足できるだろうけど、何の準備もなくぶっつけ本番でやったら、それこそ神のみぞ知るよ」。彼はもうたくさんだというふうに首をゆっくり左右に振り、「本当に勝ちたいんです。でも今の僕はまるで赤ん坊でしょ? 不安を口にするのはよして、コート上でのプレーに集中し直すべきなのはわかっていますよ」と言った。まさにその通り。それは私たちすべてに当てはまる考え方である。つまり、優れたパフォーマンスは自動的に起きるのではなく、あなたが自らの手で起こすものなのだ。

重圧下でのパフォーマンスは予測できる。落ち着いて十分集中できれば、めでたしめでたし。緊張しすぎて集中できなかったら、アウト。プレッシャーに直面してとりとめのない気持ち、どうにでもなれという気持ちになったとしても、元の正常な状態に戻すことはできる。本当である。

プレッシャーを乗り越えるための枠組みやプロセスを備えることが重要だ。身につけるべき最も大切なスキルは、結果重視ではなくプロセス志向になること。結果は行動の帰結であり、プロセスは行動の案内役である。だから私は、クライアントが目指す結果を達成するための行動に集中できるよう、明確で信頼できるプロセスを用意するようにしてきた。どのクライアントも、仕事やパフォーマンス状況にかかわらず、この枠組みを活用できるようになる。

プレッシャーに対するメンタルアプローチを新たに確立する前に、自身のパフォーマンスが通常どのような表れ方をするかを考えてみよう。私はパフォーマンスを「良い時」と「良くない時」にパターン分けすることがよくある。例えば、パフォーマンスの良い時がどんな具合かは誰でもわかっている。冷静で自信があり、取り組むべき課題や計画、テーマなどに自ずと集中できる。何かを考えているとの意識がまったくない（考えてはいるのだが、それは効果的な思考に耳を傾けているだけのことだ）。何よりも、結果がどうなるかを気にしていない。目の前のタスクに没入し、それをやり遂げるために必要なことに専念する。何の苦もなく体が動く。心理的適応の必要もなく、感情が自ずと化学反応を起こす。思い通りに事が運ぶ。

しかし、こうしたパフォーマンスの良い時は、やすやすとは定着してくれない。ある時、明確な理由もなく、緊張して集中力が薄れ、行動そのものよりも結果ばかりが気になりだす。変に考えすぎたり、考えなくてもよいことを考えたりする。他人にどう思われているか気をもんだり、ミスするのではないかと不安になったり、自信が持てなくなったり、失敗を恐れたりする。こういう良くない時は、やるべきタスクから気持ちがそれ、パフォーマンスが振るわない。

良い時から良くない時、あるいは最悪の時への心の変化は、驚くほど速い。翌日に変わってしまうこともあれば、試合やイベントの最中に変わることもある。同じタスクの中で行ったり来たりすることもある。このような精神的に厳しい状況に備えておく必要がある。

出だしは良くてもその後暗転する場合がある。私はイタリアでクライアントのビーチバレーチームがオリンピック予選を戦っている様子を見ていた。チームは本当にハイレベルな戦いを繰り広げており、世界一のチームから第1セットを奪っていた。彼らは自分たちの試合ができていた。切れ味鋭いテクニック、自然に湧き出すエネルギー。セット間のブレークタイムには選手同士でコミュニケーションをとり、肩の力が抜けていた。

しかし第2セットが始まると事態は一変した。最初のいくつかのサーブがネットにかかったり、コート外に出てアウトになったりした。パスはつながらず、得点を決めることができない。第1セットは「良い時」のメンタリティーだったのが、第2セットが始まって何分もたたないうちに「良くない時」のメンタリティーに変貌したのである。どうしてそうなったかは問題ではない。大事なのは次にどうなったかである。

私たちはこの状況を見据えたプランを準備していた。この格上のチームにリードを奪い始めたときにどうするかを話し合っていた。しかし彼らはギアチェンジができなかった。あれよあれよという間に第2セットを落としていた。

勝っているときのプランをせっかく用意していたのに効果を発揮できなかった。やるべきことはわかっていたのに硬くなり、技術面に集中できなかった。これは誰にでもあることだ。我がクライアントチームは「もし〜」という仮定の話ばかりを考えるようになった。ミスをするかもしれないと思い、このチームを破ったらオリンピック代表になれると考えた。勝とうとするマインドから負けまいとするマインドに変化し、トラブルに陥った。

勝負のかかった第3セット、チームはプランを思い出し始めた様子だった。ポイントとポイントの間にもゆとりを持つことができた。サーブの準備をしながら正しく呼吸して息を吐き、手の一部ではなく全体でボールを打っていた。ディフェンスでは粘り強さを見せ、ボールの行方を推測して早く動きすぎるのではなく、球筋を見極めてから素早く反応した。

この最終セットは点を取られたら取り返す接戦となったが、最後は我がチームが勝利した。それというのも十分ゆとりを持って思考をシフトできたからである。ある選手はサーブを打とうとするパートナーに「しっかりコートに入れろよ！」と怒鳴ったこともあった。このタイムリーな檄のおかげで、パートナーは力任せにボールを打つのではなく、コートの反対側の狙った位置に照準を合わせることに集中できた。

誰かを怒鳴ったり罵ったりすることは必ずしもお勧めできないが、時には自分自身や他のメンバーに気合いを入れなければならないこともある。プレッシャーがかかったとき、私たちは自分や他者にほんの束の間厳しく当たり、頭の中の雑音を払いのける必要がある。「黙って気持ちを入れ替えろ」みたいな注意喚起は、精神的な混乱を忘れさせ、もっと別のことに相手を集中させるのに効果的な方法である。このチームにはプランがあり(だからそれが愛あるコメントであることもわかっていた)、そのプランにどうにか頭を切り替えることで激戦をものにできた。下手なプレーをしているときだけでなく、うまくプレーできているときにも気持ちがそれてしまうことがある。その事実を見過ごしてはならない。

このチームは何をすべきかを理解し、準備もできていたのに、それでもしばらく集中力を失った。それ以外にも、準備ができていると思っているだけで実際はできていないときがある。これも「良くない時」が訪れるケースである。

ビーチバレーと同じ日、ホテルに戻った私は別の選手が集中力を切らし、その後ギアチェンジするのを目撃した。今回はイタリアとは違う場所で行われているグランドスラムのテニストーナメントが舞台である。我がクライアントは対戦相手の格下選手に勝つつもりでいた。ストレートで敵を下せば、トーナメントの出だしとしては（精神的にも肉体的にも）都合がいい。ところが最初のセットは相手に簡単に取られてしまった。我が選手は最初からストレスを抱え、当惑していた。凡ミスを繰り返してかっかしていた。彼が今考えているのは、この「下手くそ」に負けてトーナメントから早々に去るなんて最悪だということ。切り替えが必要だった。

次のセットの前、彼が試合前に電話で話し合ったメンタルプランを思い出しているのがわかった。椅子の背にもたれて静かに座り、ゆっくりとした呼吸を意識しているようだ。絵文字みたいな怒り顔が、ゆったりとくつろいだ顔に変わった。コート上でやるべきタスクに集中し直しているのは明らかだった。彼は次の3セットを連取し、試合に勝った。

彼は相手の実力を過小評価していたわけではない。自身のマインドセットを過大評価していたのだ。この相手なら精神的に落ち着いていられるだろうと思っていたところ、気持ちが先走り、今後の試合のことや栄冠を手にする可能性について考えてしまった。勝利の凱旋《がいせん》を夢見るのは結構だし、改善すべき点について考えるのも悪くないが、試合中はよしたほうがいい。彼は最初から心ここにあらずで、それがプレーの足を引っ張った。しかしそこはさすが、自らの誤りに気づき、メンタルプランを思い出し、ゲームに再び集中することで、見事な存在感を示すことができた。
最初から準備を整え、自分自身に向き合おう。調子が良い時も悪い時もプランを用意し、それを堅持するよう自分に言い聞かせよう。時に注意がそれるのは致し方ないが、その際は即座にギアチェンジできるようにしておかなければならない。運任せにしてはならない。

どんなパフォーマンスも結果は大事だが、結果重視のマインドにとどまっていてはならない。確かにスコアを知る必要はあるし、手術室やレースやテストでいつペースアップするか、面接や論争でいつ口を閉じるかを心得ておく必要もある。自分がどんな調子かを知らなければならない。しかしもっと肝心なのは、そうした評価や批評に関わる情報を捨て去り、やるべきタスクにすぐさま気持ちを切り替えることだ。一度の切り替えで事足りることは少ないから、必要に応じて切り替えを持続させなければならない。このやり方は必ず効果を発揮する。もちろん必ず勝てるとは限らないけれども、最大限の力を出せるのは間違いない。練習と強い意志が要求されるが、嘘は言わない、効果はある。

3ステップのプロセス

切り替えの必要性を認識するのが第一歩。そのためのプランを準備する必要がある。自分自身にカスタマイズしたプランにしなければならない。効果的なプランは非常にシンプルである。メンタルアプローチを整理するには、3つのステップを踏むのが最も良い。

ステップ1
まず、あなた自身の「ホットスポット」を次章でリストアップしてもらう。つまり、パフォーマンスの前と最中に気になってしまい、集中力の妨げになるものは何かということだ。これによって自分が集中力を保つために何に立ち向かう必要があるかが明らかになる。

ステップ2
次に、パフォーマンスを的確にコントロールする4つのメンタルスキルを、第12〜

15章でひとつずつ紹介する。パフォーマンスの前と最中に4つ全部（とそれに続くメソッド）を使ってもよいし、1つだけでも構わない。

ステップ3

最後に、お好みのメソッドを選んでもらい、それらを組み合わせていざという時に頼りになるソリューションをつくり上げる。素早いギアチェンジが必要なときはこれを参照すればいい。最終的にできあがるプランは付箋に書けるくらいシンプルである！

同じプランはどれひとつとつない。パフォーマーもパフォーマンスシナリオもそれぞれ異なるからだ。しかし正しく遂行すれば、すべてのプランが同じ成果を導くだろう。この後の章で5人の実在のパフォーマーが登場し、不安やいらいらを経験しながら、いざという時のプランにたどり着く。それぞれが抱える不安は違うけれど、全員がこの3つのステップに従って、パフォーマンス状況に対する新しい効果的なアプローチを築き上げる。あなた自身のパフォーマンス上のニーズや要件について考えながら読み進んでほしい。同じツールとプロセスを使ってあなた自身に合ったプランをつくることができる。アイデアやソリューションを把握・記録するための手引きとして巻末の「セルフチェックとプラン作成」を使うこともできる。もちろん日記をつけるとか、スマホに記録するとか、自分に合った方法を選んでもらえばいい。

5人のパフォーマーは多様な課題を抱えている。ライリーはNHLの選手だが、プレー中に自信が持てないという悩みに直面している。完璧主義のキャメロンは職場での人づきあいに困っている。NFLのQBであるタイは、コーチとの衝突を避けることが自分のためになっていないと気づく。世界でもトップレベルのテニス選手アレックスは、他人、特に対戦相手の考えていることが気になってしょうがない。そしてジェイミーは感情が爆発してしまう性分（そのせいでいつも後悔している）をどうにかしたいと思っている。彼らそれぞれが悪かったパフォーマンスを改善する。不満を満足に変え、平凡を非凡に変える。あなたにもそれができる。

第11章 ホットスポット――なぜ集中できないか

何かをするのに生まれつき得意な人とそうでない人がいる。大勢の前でしゃべるのが好きでたまらない人もいれば、教室で発言して高い評価をもらうなんて絶対無理と思う人もいる。ある人には簡単なことが別の人には難しい。どうすればもっと上手にできるだろう？　どうすれば弱みを小さくできるだろう？　もっと積極的に行動できるだろう？　第一歩は、何が行動の妨げになっているかを知ることである。

私のクライアントはみんなもっと向上したいと考えている。ホッケーの試合で「バカなペナルティー」を受けないようにしたい。たくさんの人がいる場所でもっとリラックスできるようになりたい。批判的な人（コーチ、親など）ともっと上手に付き合いたい。果ては、注射は嫌いだけど血液検査を受けたい、というのまである。これらに共通するのは、向上・改善したいのに、いざという時になぜかできなくなるということだ。

それができないのは、結果や不安、期待、名誉といった重圧（実際のものもあれば想像上のものもある）、あるいは自分自身や他者の振る舞いに気をとられるからだ。こうしたディストラクション、すなわち注意をそらし集中力を削ぐ要因が心理的障壁となって、人は本来持っているはずの力を100％発揮できない。いら立ったり、困惑したり、怯えたりしてしまう。ディストラクションは一様ではなく、中にはそのままにしておくとパフォーマンスをとんでもなく狂わせるものがある。したがって「ちょっと厄介だな」という程度のものと、相当のダメージをもたらすものとを区別する必要がある。

後者について見てみよう。モータースポーツのイベントとして有名なインディアナポリス500での仕事から帰る飛行機の中で、ぴったりの事例を聞かせてもらったことがある。席が隣り合わせになったこの女性と私はお互いのことを知っていた。私は以前、彼女たち外科研修医のグループ向けに講演をしたことがあったのだ。彼女は自分にとって最大のディストラクション（または「スーパーディレイラー」と呼んでもいい）について話してくれた。病院での私の講演が終わった後、彼女は外科医として仕事に集中できなくなるのはどんな時かを書き出していた。例えば、手術助手の経験が浅いとき、はさみがよく切れなくていらいらするとき（ごもっとも！）。でも一番のホットスポットは、上司である外科医長に手術を見られているときであると気づいた。見られていると思うと、メスを持つ前から異常に緊張する。大動脈や頸動脈の手術で緊張しない医師はいないだろうが、そこに加えて権威ある人物に見守られ、なおかつ患者からはミスがないことを期待されている。

「みんなに評価されている、うまくいかなかったらどうしよう」という思いにとらわれながら、彼女は急いで機器類のセットアップに取りかかった。本人の説明によると、体が小さいので手術の環境を整えるのに余分な時間がかかるらしい。テーブルからツール、照明、器具まで、あらゆるものの位置を調整しなければならない。経験豊富な外科チームがじっと見守るなかで仕事をしなければならないと思うと、その準備時間が永遠にも感じられた。落ち着け、落ち着けと焦るあまり、思わず「高速」モードに陥ってしまい、それがまた落ち着きを失わせる原因になった。そこで、自分にとって大きなディストラクションについてじっくり考える時間をとった結果、たとえ外科医長がじれったそうにしていても、もっと慎重に準備をするべきだと気づいた。最適の環境を整えたことで緊張が和らぎ、手術に集中することができ、最終的にその優れた才能にふさわしい結果を出すことができた。

ホットスポットの見極めは難しくない。人はたいてい自分のパフォーマンスを損なう要因をよく知っているのに、そこから目をそらしたり、自然になくなってくれるのを願ったりする。パフォーマンスの阻害要因を言えなければ、それを避ける方法もわからない。つまり結果を変えたければ、アプローチを変えなければならない。だから私はクライアントに率直に訊くようにしている。「どうしました？　何が悩みですか」。たいていは答えてくれる。何が苦悩やいらいらの原因か、どんな状況を恐れるのか、彼らはわかっている。それで解決策を求めて私のところへ来る。

自分でもよくわからない人、確信が持てない人の場合は会話が長くなるけれど、それでも不安や障壁はやがて明らかになる。ＮＦＬのクライアントのひとりは「落ち込んでいる」ので話したいと電話をかけてきた。この選手とは、彼をドラフトで獲得したチームのコンサルティングをしているときに初めて会っていた。それ以来、彼は様々なチームで活躍し、スーパーボウルでの優勝経験も何回かあった。私たちはそれぞれの近況を報告し合った後、さっそく本題に入った。何が問題なのかと尋ねると、よくわからないのだが、何かこう打ちのめされて自分を哀れむような感覚だと彼は言った。気持ちがこじれた状態だった。もっと掘り下げて気持ち悪さの具体的な正体を突き止めないと、前へは進めないだろう。

仕事や家庭生活全般に関する質問をし、何がうまくいって何がうまくいっていないかを尋ねた。私たちはそれぞれが相手の話を聞き、彼はいらいらから抜け出そうとした。わかったのは次のようなことだ。彼は（再び）けがを抱えてプレーしていた。シーズンオフの契約問題を抱えていた。小さな娘と妊娠中の妻がいて忙しかった（幸せな忙しさではあるけれど）。自宅が泥棒に入られた。先発出場さえできなかった。要するにくたくたに疲れ、何かをはぎ取られたような気持ちだった。

思いの丈を吐き出すことで、彼は不安から脱し、自身のディストラクションを明確にすることができた。つまり、100％の体調ではないのに最高レベルのプレーを求められること。将来に関する不安。先発出場できないのはコーチが敬意を払ってくれないからだという思い。そして失われてゆく自信。「もっとうまくならないと」と彼は言った。いろいろあるストレス要因の中で、本当の悩みのもとに照準を絞っていた。「もっとうまくなれるの？　それとももう限界？」。彼が自分のけがや才能について客観的であるかどうかを知りたかった。自分自身に変に期待しすぎるのは意味がないと私は思う。上限を知り、その範囲内で優れたパフォーマンスを発揮するほうがよい。

「もっとうまくなれます」と彼は言った。「必要な仕事はしていると思いますが、本当はもっとインパクトのあるビッグプレーをしないと。今シーズン、このまま下り坂で終わるんじゃないかと怖いんです。そのことが頭を離れなくて、試合中も体が動きません」

よし、これでステップ1は完了だ。落ち込みからの脱却は遠くない。集中できない理由を挙げていくことで、彼はパフォーマンスの妨げになる本当の原因を探し当てることができた。ビッグプレーができないとき、精神的な迷いが生じ、それが試合中ずっと尾を引いていた。大きな原因を突き止めたら、あとは対策を練るだけだ。

包み隠さず話すのが苦手な人や、自分自身の問題から目を背けたくなる人の場合、チェックリストが便利である。私は時々「ディストラクション一覧」を渡して手がかりにしてもらうことがある。あなただけじゃないと知ってもらう効果もある。つまり、チェックリストには多くの人がよく直面するディストラクションが載っているので参考になるし、自分が抱える気持ちを受け入れやすくなる。当てはまるものを選ぶうちに安心感が増し、自身に固有のパフォーマンス阻害要因を付け加えたりもできる。

本気でホットスポットを検討したいなら、多少の居心地の悪さは我慢しなければならない。例えば、あなたは決まって時間に遅れるので配偶者はもはや絶望しているかもしれない。人には時間厳守を求めるくせに自分のことになると無責任。交通渋滞や天気、やむにやまれぬ用事など、自分ではコントロールできない出来事のせいにする。そこは勇気を振り絞って「自分に正直か」と自問しなければならない。つい自己防衛に走ることがないよう気をつけよう。そうすれば修正すべきホットスポットが見つかるかもしれない。

大リーグのある野球選手は三振すると審判のせいにしたがった。口をとがらせてぶつぶつ言いながらダグアウトに戻るのだが、最近ではさらにバットスタンドに歩み寄り、手にしたバットでそいつに一撃（または二撃）を食らわせ、破片をあたり一面に飛び散らせるようになっていた。ある日のバッティング練習のとき、私たちはそれについて話し合った。彼は自分のかんしゃくではなく、打席での失敗を恥じていた。最終的に、自己批判が邪魔な要因であることを認めざるを得なかった。それが彼の現在のスーパーディレイラーだった。そこを起点に、打席で集中力を保つにはどうするかというテーマに移ることができた。なんらかの欲求や願望が満たされないことに対してカッとなるなら、それが恐らくその人の集中力を削ぐホットスポットである。

最初にリストを作成したときは「こんなにあるのか」と圧倒されるかもしれない。でも心配はご無用。それは想定内である。20以上の項目があったとしても、プランを立てるのはそのうち最も悪質な数項目でよい。これらの大きな問題に対応すれば、残りはだんだん目立たなくなる。そもそも大した問題ではなかったということだ。リストを注意深く確認して、あまり不安の引き金にならない項目は飛ばし、引き金になる項目だけをチェックしよう。それがあなたのスーパーディレイラーである。

ディストラクションは多種多様で、必ず身近なものである。一過性で無意味なものもあれば、多大なダメージをもたらすものもある。その違いを知り、重要な意味を持つものに対処するようにしよう。だがまず、実在のパフォーマーが直面しているディストラクションを具体的に見ておこう。

ライリー（ＮＨＬ選手）の場合

「自信を持ってプレーできない」

ライリーは練習と同じような良いプレーができず、試合での出場時間が減っていた。なぜうまくプレーできないのか、どうすればよいのかがわからなかった。ホテルのロビーでいっしょに解決策を探ったとき、彼は試合中に自信が持てないとしょげた様子で言った。「自分は生まれつき才能があると思うんですが、時々気持ちが萎えてしまって。ノッてるときは自信満々なのに、うまくいかないときは考えすぎてますます事態が悪くなります」

ライリーは間違いなくチームに貢献できる選手なのに、本人は本当にそうなのか不安がっていた。こういう場合に一番いいのは「今」を見つめることだ。最近の練習と試合について、氷上でどんな感じだったかを振り返ってもらった。練習中はきびきびと動き、スピードに乗ってパックを運べるし、激しいバックチェックもできる。ところが試合になるとぼうっと突っ立ったままスティックを強く握り締め、ミスしたくないからパックに触りたくないと思ってしまう。試合中にどんなことを考えているか、どんな状況が緊張を引き起こすかと尋ねたところ、あまり時間をかけずに以下のようなディストラクションがリストアップされた。

- 結果や自身のスタッツ、得点できるかどうかが気になる。
- どれくらいの時間出場できるだろうと考える。
- どのラインに入るだろう、そもそも試合に出られるだろうかと考えてしまう（これは本当に自信を揺るがす要因である）。
- 相性の悪いリンク（過去に自分のプレーが振るわなかった会場）だと少しナーバスになる。
- 試合中に自分のプレーを必要以上に分析する（シフトの合間にベンチにいるときはiPadで自分のプレーを確認する）。

・自己批判しすぎて自分の能力を疑ってしまう。
・プレー中に焦ってしまい、例えばパックをキープすべきときにダンプする。
・父や友人のために好プレーを見せなければならないと考える。
・「何やってるんだ」のようなネガティブなセルフトーク。
・誰かにからかわれるといらいらし、試合に集中する代わりに審判に一方的に話しかける。
・前のシフトでの拙いプレーについて考えたり、コーチにどう思われているか不安になったりすると、落ち着かない。
・シーズン中は特にぐっすり眠れない。

どれもライリーの注意をそらす可能性があるが、パフォーマンスの大きな妨げになるのは数項目だけである。次なるステップはスーパーディレイラー、つまり通常のメンタルノイズのレベルを超えてトラブルを引き起こすディストラクションを区別することだった。ライリーはリストを見直し、プレーに最悪の影響を及ぼすと感じる上位3つの障害を特定した。①結果や自身のスタッツ(得点できるかどうかなど)が気になる。②どれくらいの時間出場できるだろうか、そもそも試合に出られるだろうかと考える。③ミスをしたら父親やコーチに何を言われるだろうかと考える。

これらのことを考えているとパフォーマンスがおかしくなることにライリーは気づいた。ミスを心配し、コーチににらまれて出場できなくなることを心配すると、スケーティングやスマートなプレーに集中できない。スーパーディレイラーが明らかになったことで、私たちは次のステップへ移ることができた。そう、試合に集中するための作戦を練ることができたのである。

キャメロン（新しいリーダー）の場合
「完璧でないといけない」

ことパフォーマンスに関しては、完璧であろうとしないほうがいい。完璧を期して自己批判しすぎると、必ず自滅につながる。完璧であることを自らに課すと、たいていは失敗する。失敗すると、不健全な自己否定や罪悪感といった不快な反応を誘発する。

ある有名私立校で指導的な地位に昇進したキャメロンは、社交的なイベントにもっと関わらなければならなくなった。生徒への指導に加えて、同窓会を主催し、資金集めに奔走し、保護者との面倒な会話もこなした。こうしたいろいろな人づきあいに慣れていなかったため、不安で心もとなかった。教室では長年の経験から自分をよくコントロールできた。生徒に教えるときは入念に計画を立て、十分すぎるくらい準備ができたから、ミスを回避し、「完璧」な結果を出すことができた。そこは彼女の安全地帯だった。また、もの静かではにかみ屋のキャメロンは少数の顔見知りと過ごすほうが快適だった。新しい立場では多数の見知らぬ人と交流しなければならない。

彼女はなるべく危険を冒さないタイプで、確率が高くない限り前へ進まなかった。今、そんな彼女が台本もなしにスポットライトを浴びつつあった。まごついてはいけない、有能な指導者だというイメージを与えなければならない。そんな内なるプレッシャーを感じていた。いったいどうすれば受け入れ、尊敬してもらえるのか？　キャメロンのディストラクションリストは次のようになった。

・結果を重視する。例えば次のように自問する。「良い仕事ができるだろうか。必要な能力が自分にあるだろうか。この新しい任務をこなせるだろうか。私は詐欺師じゃないだろうか」

・いろいろな人たちと付き合わなければならない。できれば気心の知れた人といっしょにいたい（世間話は苦手である）。

・自分より上の立場の人といると（有力な卒業生と話しているときなど）、自分がバカに思えてしまい、本当は能力があることを証明しなければと焦る。
・自分にできることなんてほとんどない、きっとみんなに相手にされないだろうと思ってしまう。
・教師や保護者と難しい話し合いをしなければならない。できれば衝突は避けたい。

リストをざっと見てわかったのは、彼女にとっての居心地の悪さは、性格的に後ろ向きだからという理由と、人々と対面して会話をリードしなければならないからという理由の2つに分けられるということだ。どちらのほうが厄介かと尋ねたところ、難しくて答えられないとの返事。みんなそう言うのだが、全部がスーパーディレイラーということはない。この最初の難関を乗り越え、本当の阻害要因が何かを見極めるのが重要である。

そこでいくつか具体的な質問をした。落ち着き払った態度で部屋に入るのが難しいのか、それとも人々に自己紹介するのが苦手なのか？　一度会話を始めたら、リード役としての役割を落ち着いて果たせるか？

これらが手がかりになった。彼女のパフォーマンスを阻む最大の障害は、イベントが近づくにつれて（とりわけ会場に移動し、人々の到着を待っているときに）自分がだんだん無能に思えること、そしてリラックスした態度で話を切り出す方法がわからないことであった。部屋中を動き回って見知らぬ人と会話を交わすのにすごく抵抗がある、と彼女は言った。こうした社交の場に気軽に参加できるようになるための方策をキャメロンは必要としていた。

タイ（NFLのクオーターバック）の場合
「衝突はしたくない」

タイはコーチがひどく批判的でけんか腰だと思っていた。タイは若く、おおらかな性格で、ボスを喜ばせたいと考えるタイプだった。控えめで大人しく、本人によると「けんかが嫌い」だった。チームメートにもやさしく、何か間違いが起きたときも呼び出して恥をかかせるのではなく、1対1で話し合った。とてものんびりした男だったが、自分がどんなプレーをしてもコーチが批判的・否定的なことにいら立ちを募らせていた。彼は言った。「こっちがビッグプレーをしても、あの人が言うことときたら『ちゃちなパスを放るな』とか『ボールはちゃんと両手で持て』とかばかり。役に立つご意見、ホントありがとうございますってな感じですよ」

堂々たる体格のNFLのQBなので、誰もがタイのことを生まれつき好戦的・攻撃的な人間で、暴力にも口論にも厳しい批判にも動じないと思っていた。しかし、フィールド上ではタフな選手だったものの、本当の彼は調和を好む繊細な人間だった。したがって彼のディストラクションは当然以下のようになった。

・結果を出すこと――この男（コーチ）を満足させられるだろうか？
・コーチが自分の指示や試合のシステムに従えとうるさく、私なりの工夫や調整を許してもらえない。
・ミスをすること（そしてミスをカバーしようと無理をしてしまう）。
・コーチがいつも私のコンプリート率を不安視する。
・コーチがひどく批判的・否定的である。私は論理的で、すでに十分自己批判しているのに。
・コーチが優れたパフォーマンスを評価してくれない。
・いい加減で遅刻ばかりするチームメート。

ふたりでリストを確認した後、コーチのどんなコメントが一番嫌かを尋ねた。タイの説明によれば、リーグを代表するQBが何人かおり、コーチからは彼らのようなプレーをしろといつも言われるらしい。「もちろん彼らは偉大なQBですが、私は彼らとは違う。真似しようとしてもベストな力は出せません。私は自分の強みを活かして私なりのプレーをしたい。コーチはあまりにも抑圧的で、好きなようにさせてくれません。どうしたらいいのか……」

タイのスーパーディレイラーはつまるところ、コーチからロボットのように、あるいは他の誰かのようにプレーしろと言われること（「ある程度の枠組みは必要だけど束縛されたくはありません」）、そしてコーチにどう話したらよいかがわからず困ってしまうことだった。

タイはどうプレーしたいかを自分で決める必要があった。それからフィールド上でチームをどう引っ張るべきかについて、自分なりの考えをコーチにぶつける準備をしなければならなかった。コーチが大声で反論し、彼の考えをつぶしにくるのはわかっていたから、私たちは次のミーティングでその対応策を検討した。

アレックス(テニス選手)の場合
「もっと全力で戦えたのに」

あるハイレベルなジュニアテニストーナメントを見ていたとき、ひとりのコーチから担当している選手と話をしてほしいと頼まれた。選手の名はアレックス。将来を嘱望される17歳で、それまでどんな試合でも、どんな対戦相手に対しても、常に見事なパフォーマンスを披露し、動揺を見せてこなかった。しかしこの1年ほど、プレッシャーに弱くなっているようにコーチの目には映った。もちろん、レベルが上がっていけばそれも想定されることではある。15歳のときには簡単だったことが、周りのレベルが高くなると突然そうもいかなくなる。1年前のアレックスはいつでもどこでも、どんな相手に対しても優れたプレーができた。ストロークでは持ち前の技術を自ずから発揮し、スコアに関係なく自分のショットを追求した。ところが次の年齢グループに進むと、結果を出さなくてはというプレッシャーを感じるようになった。彼女はプロのトーナメントで大きな成功を収めたかった。そして今、それにはどのくらいうまくないといけないかを身をもって感じていた(彼女はすでにそのレベルに達していたが、本人は自覚していなかった)。気持ちを冷静にコントロールする重要性を感じていた。自分のパフォーマンスについてじっくり考えなければならないのは初めての経験だった。

アレックスと私はふたりっきりになれる場所を探し、唯一見つかった吹き抜け階段のところで話し合った。パフォーマンス心理学というのはまあそんなような世界である。彼女のホットスポットを挙げていくうち、試合中にもかかわらずその結末について考えすぎていることが明らかになった。

・ポイントの獲得、ランキングアップなど、すぐ結果について考える。
・ネットにボールを引っかけるといらいらしてしまう。
・もっとうまくプレーできるはずだと考える。
・調子が良いときも、相手がそれを上回るかもしれないと急に不安になる。
・緊張したり不安になったりすると、ミスを犯して自分が嫌になり、積極的なプレーができない。そのことが腹立たしい。
・他人が何を考えているかが気になる。調子が悪くなるとスタンドのコーチのほうを見すぎる。
・いら立ったり腹が立ったりすると、自分のゲームのことは忘れてしまい、相手のことばかり考える。

・自分に大きな期待をかけ、相手を倒したいと切望する。
・コート上で静かすぎるときは、あれこれ考えすぎて自分の試合運びができない。

翌日に試合が控えていたので、このディストラクションリストを整理する必要があった。アレックスが気が遠くならないように、まずは最も喫緊の項目だけに絞りたかった。明日の相手に対して一番問題となりそうなものを2つか3つだけ選んでもらえばいい。私はリストから判断して、彼女は対戦相手のことを気にしすぎる傾向があると指摘した。これは要注意である。自分自身のことよりも相手の特徴や傾向の調査を優先する選手(チーム)が多すぎるからだ。相手を想定した準備はもちろん大切だが、最も重要なのは自分自身である。自分のゲームに集中すればうまくプレーできると知った上で、アレックスはその強みと戦術で相手を翻弄しなければならない。

敵のことを考えすぎることに加え、アレックスに大きな問題が生じるのは、ボールをネットに引っかけたとき(このミスは彼女のいらいらを募らせ、さらに凡ミスを呼ぶ)と、プレー中に(口数の面でも身体的な面でも)静かになりすぎるときだった。結果的に緊張し、元気がなくなり、いつもの圧倒的なパワーが出せなくなる。

ジェイミー（投資マネジャー）の場合

「緊張して感情的になると、言わなくてもいいことを言ってしまう」

ジェイミーはＭＢＡを修了し、大手銀行で働いていた。昇進のチャンスが豊富にある良い仕事に就き、友人がたくさんおり、新しいガールフレンドもできた。彼は私と会ったとき、自分をコントロールしたいと言った。もっと正直になり、自分の悪い振る舞いに向き合いたいと言った。ジェイミーは気まぐれで、自己防御的なところがあった。このままだと仕事や近しい人との関係が危うくなると思っていた。

彼は明らかに気性が激しく、落ち着きのない人間だった。ひょうきんで創造的な側面もあった。飽きっぽい性格で、変化や多様性を好んだ。批判に対して敏感で、「逆境や失敗に耐えられない」と言った。それに耐えられるようになりたかったし、「おバカ野郎はもう卒業」したかった。感情的になったり不安になったりすると、すぐに大声で相手を罵ったり自己弁護してしまうのを何とかしたかった。人間関係を不用意に壊してはそれを修復するという作業に疲れ果てていた。次のような時に自分は最悪の状態であるとジェイミーは言った。

- 気まぐれですぐ短気を起こす。
- 仕事に限らずあちこちで批判される。
- 事務仕事や定型業務などに退屈する。
- 仕事がのろい人や遅れる人に遭遇する。
- 危険や脅威を感じると身を引く。
- 相手を無視する、または相手から無視される。
- 逆境や失敗に耐えられない。
- 辛辣または無礼な言葉を吐く。自制が利かないことは自分でもわかっている。
- 心が傷つき、不安を感じる。
- ネガティブな集団思考に陥る。
- 他者に不寛容で共感できない。
- しゃべりすぎる。人の話を聞いていないのはわかっている。
- あまりにも緊張している。
- 自己防御的になる。
- 物事を必要以上にややこしくする。

・弱く見られたくない。

ジェイミーは最大のディレイラーを問題なく特定できた。それは誰かに批判されることである。「うまく対処できずに傷ついてしまうんだ。子どもの頃、父によく批判された。9歳だった僕は10歳のチームに入れなかったんだけど、その時も父ががっかりしているのがわかった」。上司から仕事やプロジェクトに関してコメントされると、建設的な内容であるかどうかにかかわらず、批判されているとすぐに解釈した。どうせ仕事ぶりが十分ではないのだろうと思い、腹を立てた。この不適切でこらえ性のない振る舞いはまたたく間に増幅され、そのたびに彼は無力感を覚えた。誰の手も借りるものかとか、仕事なんか辞めてやるとうそぶくことで、いっそうやり切れない思いになった。脅威を感じると人を遠ざけた。衝動的な反応をどうにかしたいと思っていた。「もっと礼儀正しく信頼される人間になりたい。善い人になりたいんだ」

＊　＊　＊

ステップ1（スーパーディレイラーの特定）は長くはかからないが、とても重要である。

それができたら次のステップだ。プレッシャーの下で集中力を保たなければならないとき、それらの不安や懸念に対処するためにどうするか。私が最も重視する4つのスキルをこれから順番に紹介する。5人のクライアントがそれぞれどのようにこのスキルを活用するかも併せて見ていこう。

第12章

スキル1

冷静になる、冷静でいる

私はこのスキルが気に入っている。聞いてくれる人がいれば誰に対しても四六時中この話ばかりしている。4つのスキルのうちどれか1つしかクライアントに勧められないとしたら、きっとこれを選ぶだろう。オペラ歌手であっても、大きな取引を交渉中の企業幹部であっても、生意気な生徒を相手にする教師であっても、まずは落ち着けること。これが大切である。ほんの少しでも気持ちを鎮めることができれば、その瞬間にパフォーマンスに集中できる。重要な状況下で冷静になれれば、行動が強化され、結果が向上する。平静さを保てないと最高の結果を生むことはできない。

緊張にブレーキがかからなければ、冷静になるのは難しい。ましてや冷静でいることは不可能に近い。緊張とはつまり、思考を鈍らせ、体をこわばらせる不安や心配、いらいらである。緊張はパフォーマンスを即座に壊しかねない。スターターの合図の何分の一秒か前にスターティングブロックから飛び出しただけで、オリンピックの短距離走者は失格になる。それは緊張のなせるわざだ。帰宅途中のハイウェイで他の車に追い越されたとき、そのドライバーに思わず怒鳴ってしまうのも、同じ日に別のいらいらする出来事があって、その時の緊張がここで爆発したのかもしれない。チームのオーナーが自分は不安症ではないと主張しながら、経験豊かなコーチングスタッフに（試合中であっても）絶えずコーチの仕方を教え、起用すべき選手を指定するような例も見たことがある。緊張は時にモンスターと化し、その人の立場をおとしめる（たとえ本人は認めなくても）。しかし緊張をコントロールし、プレッシャーに冷静かつ機動的に対処する方法はあり、それを学ぶことはできる。

どれくらいの緊張が「緊張しすぎ」なのか？　それは人による。満足のいくパフォーマンスが出せたときのことを思い出し、そうした試合やリサイタル、ミーティングでの緊張度合いを1～10のスコアで評価してみてほしい。1は冷静でくつろいでいる状態、10は神経が高ぶって余裕がない状態だとしよう。ほとんどの人は1から3の間だろうけれど、4以下ならまあ大丈夫だと思う。緊張レベルが6とか7に達すると、いわゆるメンタルクラッター（精神的な混乱）が生じてくる。8を超えると後戻りが難しい。このレベルでは誰も最高の仕事はできない。だから試合などのイベントの前と最中に、自分自身をよく見つめることが大事になる。

緊張レベルが6に達したことに気づいたら、早めに元に戻す必要がある。そのレベルでは心拍数が上がり、過呼吸気味になり、意思決定やタイミング調整がうまくいかず、筋肉が硬くなり、精度が下がり、受け身になり、重要なコメントや問題解決の次のステップを忘れてしまう。積極性がなく及び腰になったり、我慢ができずいら立ったりする。十分に集中できなくなる。物事を強引に進めたり、予測できないリスクをとりすぎたり、目的もなく動きすぎたりして（例：ピックルボールのネット際で状況にかかわらずスマッシュしようとする、ＴＥＤトークでステージ上を大股で歩き回る）、自分で自分の足を引っ張ってしまう。ある外科医は、緊張レベルが自分にとっての安全地帯を超えたら触覚パフォーマンスが影響を受け、いつものように手術器具を扱えなくなると言った。緊張しすぎると集中できず、アウトプットが限定されるのだ。

緊張がなさすぎる場合はどうか？　リラックスしすぎて最適なパフォーマンスが出せないことがあるだろうか？　新しいクライアントが時々、「リラックスしすぎる」のが自分のパフォーマンス上の問題だと主張することがある。私はまだ納得できない。生まれつき冷静で、人生をあるがままに受け入れ、あまりストレスを感じないタイプだからパフォーマンスが振るわないと考えるほうが、自分が準備不足だったり、不安だったり、怖くてチャレンジできなかったという事実に向き合うよりも確かにラクだろう。でも実際には、準備ができていなかっただけなのだ。本人は気づいていないかもしれないが、緊張感が高まりすぎて尻込みしたにすぎない。疲れを感じたり、やる気が出なかったりといった状態を、緊張ではなく無関心と読み違えたのだろう。本当は気後れして諦めていたのに、それに気づかなかったのだろう。そういう時、人は「どうでもいい」「大した問題じゃない」みたいに言いがちである。しかし重圧にさらされて「どうでもいい」はないだろう。それは大した問題である。

緊張は混沌・混乱を引き起こし、そのままにしておくと身の破滅を招く。重圧下で優れたパフォーマンスが出せるのは、緊張レベルが低いときである。緊張はゼロにはならないが、「今」に集中できる（あるいは集中し直せる）許容レベルというものがある。その境目が1〜10のどのあたりかを知り、それを安全地帯にとどめておけるよう本気で取り組もう。まず大事なのは呼吸法である。

呼吸には鎮静作用がある。しかしプレッシャーがもたらす緊張への対処法としては過小評価されている。ばからしいと考える人もいるかもしれないが、冷静になるための最も効率的な方法は呼吸に注意を払うことである。企業向けの健康サミット会議でこの話をしたところ、見るからにいら立っている女性が甲高い声でこう言った。「ねえ、ちょっと！　呼吸が人生を変えるって言いたいの？」。私のことを頭がおかしいと思っているのは明らかだった。でもそんなことはない。正しい呼吸法はストレスを軽減し、快眠を助け、怒りやむら気を抑え、気分をすっきりさせる。心拍数と血圧を下げる。これは推論ではない。ブレスワーク（意識的な呼吸法）が免疫反応に影響を与え、慢性痛を和らげるだけでなく、身体的・精神的な健康全般の維持・回復にも有効であることは、医学や心理学の研究でわかっている。そのへんのことを全部彼女に教えたかったけれど、何ごともシンプル・イズ・ベスト。そこで次のように答えた。「呼吸法によって落ち着くことができるので、パフォーマンス改善に必要な行動に集中できます。少なくとも呼吸法を使えば異常な興奮状態は防げます。ご覧に入れましょう」。幸い、彼女はやってみる気はありそうだった。

呼吸法は難しくない。時間をとらないし、どこででもできる。どれだけ忙しくても、このスキル習得の時間くらいはとれる。

座って気持ちを楽にし、1分間普通に呼吸する。余分なことは何もせず、吐く息の数をただ数える。ここでいったんストップ。このパートを終えてから次を読もう。

今度はもっとゆっくり、長く息を吐ききって、やはり1分間呼吸をする。肺ではなく横隔膜から呼吸すること。それを確かめるため、下腹部に手を当てよう。息を吐いたとき、そこが外側に動くかどうか。最後まで息を吐ききって、深く息が吸えるようにする。鼻から吸い、やはり鼻から吐く。息を吐く際の注意点としては、すべて吐ききったと感じても、がんばって吐き続けること。腹筋を使って、肺が空になったと感じるまで絞り出す。座っている椅子に沈み込む、または溶け込むようなイメージで。この1分間に他のことを考えそうになったら、意識を再びそっと呼吸に集中させる。では、また呼吸の数を数えながらやってみてほしい。

第1ラウンド（普通）と第2ラウンド（ゆっくり）、それぞれの呼吸の数を比較しよう。たいていの人は通常、1分間にだいたい18回呼吸する。これは第1ラウンドの呼気の数にほぼ等しいだろう。第2ランドでは、その数がもっと少なかったはずだ。「正しく」息をしたら、1分間の呼吸数はおよそ6回から10回。気持ちがゆったりと落ち着き、リラックスできるだろう。呼吸と感情はつながっている。怒ったりいら立ったりしているとき、呼吸は浅く、普段より速い。口呼吸で息が荒い。冷静さはない。しかし感情を制御できているときは、呼吸は規則正しい。ゆったりと静かな鼻呼吸である。呼吸をコントロールできているのに気持ちがなお安定しない、ということは起こらない。正しい呼吸法は緊張や感情のマネジメントに効果がある。だからプレッシャーを感じたときもそれに対処できる。

呼吸は簡単だが、大事なのは呼吸の仕方である。ポイントは鼻で呼吸し、大きく吐くこと。正しい呼吸法は横隔膜を活性化させ、肺活量を高め、一息ごとに取り込む酸素の量を増やす。もちろん、しゃべっているときや激しい運動をしているとき、ストレスを受けて健康的な呼吸パターンに注意を払えないときは、口で呼吸することもある。しかし鼻を使ったほうが効率的・生産的なので、なるべく鼻呼吸を意識したい。口から息を吐くときは、ストローから息を吐くように唇をすぼめてみよう。そうすれば少しゆとりが持てる。私たちは深呼吸のことを考える習慣がついているけれど、口で大きく息をしても、肺からの短く慌ただしい呼吸を促すだけである。もっとゆっくり長く柔らかく呼吸することを意識しよう。落ち着いた無理のない呼吸は雑念を追い払い、心と体を調和させる。そしてすべての始まりは鼻呼吸からである。

私のクライアントはみんなブレスワークを行っている。最初は疑っていた人もやがてそのメリットを発見する。ワールドカップでヨーロッパを転戦中のスキー選手は最近、私にこう言った。「例の呼吸法は本当に効果があります。直近の2つのレースで使ったら、オリンピック出場が決まりました！　スタート地点で呼吸を意識すると、レース中にスキーに集中できます。ミスしたらどうしようと悩んだり、結果が気になったりしないんです」。それから次のようにも言った。「数日前、胸苦しさを感じたのでコロナかなと思ったんです。選手の間で流行っていましたし。でも腰かけて1分間正しく呼吸をしたら、気分が落ち着いて大丈夫になりました。コロナにかかっているのではなくて、いろいろなこと（コロナも含めて）が少し不安なだけでした。緊張が忍び寄っていることに気づかなかったんですね」

「大きく息を吐く」ことがとても大切である。即座に効果を発揮する定番メソッドとして、私はすべてのクライアントにこれを強く勧めている。特別の技量が要るわけでもなければ、自信やタフさが求められるわけでもない。必要なとき、大きく息を吐くと決めればよいだけだ。

実にシンプルである。鼻で呼吸する、ゆっくり呼吸する（呼吸数を減らす）、息を吐ききる、肩の力を抜く。これを1分間やってほしい。10秒でもいい。きっと役に立つ。先のワールドカップスキーヤーは、ドロミーティやフレンチアルプスの頂上でスタート地点から斜面へまさに飛び出そうとするときに、この呼吸法を用いている。ランナーはレース中に疲れが出てストライドが短くなったとき、外科医は手術室で難しい事態が突然生じたときに、これを用いる。自己制御を目指す人なら誰でも利用できる。なんらかの状況に備えて利用することもできるし、その状況の最中に利用することもできる。大きく息を吐く呼吸法はどんな時、どんな場所でも効果がある。毎日練習しよう。1サイクル（10秒程度）ゆっくり呼吸するだけでも落ち着きが得られるが、緊張を和らげるためなら何度繰り返してもいい。文字通り数十秒しかかからないのだから。

パフォーマンス前の緊張を和らげるために呼吸法「プラスα」が必要なこともある。音楽を聴いたり、同僚やチームメートと交流したりすれば、気持ちが落ち着き、体がリラックスする。パフォーマンス中はチームメートとの会話が心を落ち着かせ、集中力を高める。多くのアスリートは決まったウォーミングアップで体に力をみなぎらせる。少し疲れているとか精神的に参っていると感じる日は、時間や回数を増やして心身を研ぎ澄ませる。私が知るミュージシャンたちはコンサートの前に手や指を動きやすくする運動を取り入れている。緊張を忘れるために階段を上り下りすることもある。外科医の中にはボールを握って手の血流を促し、可動性や「感触」を高めようとする人たちもいる。手術の前に助手の看護師と音楽を聴きながら踊る者もいれば、長丁場に耐えられるよう水と栄養を十分とるよう心がけている者もいる。本番への準備の助けになるなら何でもいい。

私はすべてのクライアントに大きく息を吐くことを教えている。このスキルは最も必要とされるときに最も効果を発揮するからだ。人によっては、集中力の持続時間、瞑想への親和性、関心度などに応じて、他にも1つか2つの運動を組み合わせてもらうこともある。これらのエクササイズはその人の性格や確保できる時間に合ったものでなければならない。選択肢はたくさんある。ブレスワークのガイドアプリを聞いてもいいし（最初は指示に従うのがラクである）、〈ユーチューブ〉のビデオを見てもいい。参考資料をひと通り読んでからやってみることもできる。いずれにしても大切なのは、大きく息を吐くことである。

前章で紹介したパフォーマーたちもブレスワークのメニューにこの運動を取り入れている。そして各人が自分に合った様々なブレスワークを活用している。あなたも順次試して、自分にふさわしいと思うものを見つけてほしい。

ライリーの場合

ライリーはせっかちでいつも何かを考えていた。集中力をなくしやすく、ある思考から次の思考へすぐに関心が飛んでしまう傾向があったため、短い運動をいろいろ組み合わせるのがよさそうだった。また、最初はガイド付きの呼吸法が簡単でいいと思われた。

まず息を吐く

ライリーは呼吸が速く浅くなりがちだったので、この運動を毎日取り入れることにした。人は呼吸を意識しようとするとき、吸うことばかりを考えがちである。大きく息を吸うのだが、これだと呼吸が浅くなりやすく（つまり横隔膜を使わない）、息苦しさやわずかな目まいにつながることも多い。脳と体にもっと酸素を届けるには、まず背筋を伸ばして座る。呼吸サイクルの最初に呼気について考える。それから自分の息に意識を集中させ、あるがままに（鼻で）呼吸を続ける。

スローダウン

これはアプリを使った2分間の短い運動である。「4秒、2秒、4秒」のパターンでゆっくり滑らかに呼吸する。4秒間ゆっくりと楽に（鼻から）息を吸い、次いで2秒間息を止め、そして4秒間（鼻から）息を吐く。これを5回から6回繰り返す。もっと多くても構わない。体がリラックスし、緊張が緩んだのがわかるだろう。ライリーはこれを毎日、リンクに着いて車から降りる前など、様々な機会に行った。

大きく息を吐く

効率的な呼吸法を会得したライリーは、この運動を一日の様々な場面で行う準備が整った。ゆっくり息をする、目一杯吐ききる（腹筋を引き締めて最後まで息を吐く）、肩の力を抜く。時間があれば、これを数セット繰り返す。ライリーは、練習や試合でリンクに向かう途中や、ドリル練習で列に並んで順番を待っているとき、試合に向けたウォーミングアップの前、シフトの合間のベンチ上などでこれを行った。

入念なウォーミングアップ

呼吸法に加えて、ライリーは試合の日に緊張をもっとうまくほぐす必要があった。そこで試合前のエアロバイクを使ったウォーミングアップを10分間増やした。これによって体のこわばりがとれ、プレーに対する不安を感じなくなった。呼吸法とバイクウォーミングアップの結果、心身ともにリラックスし、高いレベルで試合に入れるようになった。それまでは最初の何回かのシフトで徐々に慣れさせていたのが、のっけから良い状態でスタートを切ることができた。準備が不十分で1～2回目のシフトで調子が出せなければ、コーチに出場時間を減らされるのは目に見えていたのだ。

緊張をほぐすもうひとつの運動として、私たちは睡眠プランも加えることにした。スーパーディレイラーではないものの、シーズン中、ライリーはなかなか寝つけなくて困っていた。エネルギッシュな人間だからか、精神的なノイズに過度に刺激を受ける。その日のパフォーマンスやフィードバック、未解決の感情が原因でつい考えすぎてしまう。彼はそうした考えを、夜になってまた思い出さざるを得なくなるまで棚上げにしておいた。プランはごくシンプルである。

一日の終わり（夕食前）

ゆっくり呼吸し、事実リストをざっとチェックする（これについては第14章で説明する）。練習や直近の試合について評価したかを確認する。明日の計画を書き出す。思いついたが当面は棚上げにしておくタスクがあれば、それを書き足す。試合があった夜はパフォーマンスを事後評価する（翌日の朝一番でもよい）。

就寝前

ゆったりとくつろぐ時間をとり、ベッドに入る。就寝30分前から徐々に照明を落とす。スマートフォンは見ない。鼻で呼吸し、ゆっくり長く息を吐く。軽めの小説などを読む。

ベッドで

気分を落ち着かせ、先述の「まず息を吐く」運動を行う（横になったまま）。「スローダウン」に移り、長めに息を吐く。緩んで柔らかくなった腕と脚をイメージし、口元を緩め、マットレスに沈み込む。寝つけない不安と戦うのではなく、眠りに身を委ね、覚醒を忘れる。どうしても眠れなければ、静かにじっとしているか、ベッドから出て本を読む。

キャメロンの場合

キャメロンはもともと几帳面で神経が張り詰めがちだった。物事を「正しく」やりたがった。そこで少し長めの運動（2分よりも5分）を勧めて、体全体をリラックスさせる時間がとれるようにした。全身リラクセーションを学ぶとき、多くの人はまず体全体を緊張させた上で、足から頭の順に緩めていくよう教えられる。緊張と緩和の違いを実感するためである。ただ、ほとんどの人は自分の体と向き合う時間をとれば、緊張がどのようなものかはわかるみたいだ。キャメロンの場合、すでに十分緊張しているので、運動の「緊張パート」は不要と考え、「緩和パート」だけを取り上げることにした。

ボディーメルト

座って（または横になって）楽にする。目を閉じ、両肩を下げ、滑らかに鼻呼吸する。ここでの狙いは全身をゆっくりスキャンし、筋肉を緩める練習をすること。まずは足から。足がだらんと緩むのを感じよう。2、3回楽に呼吸してから、次の体の部位へ移る。脚、腹、肩、腕、手で同じことをする。それぞれの部位をリラックスさせ、椅子やベッドに沈み込んでいく様子をイメージする。最後に顔と顎を弛緩させる。好きなだけ呼吸を続けてから、ゆっくり目を開ける。

大きく息を吐く

自身の緊張の度合いを自覚し、コントロールできるようになったキャメロンは、必要な時に心を鎮める能力をもっと高めたいと考えた。一日に2、3度、（廊下を歩いているときや、水筒に水を補充しにいくときに）大きく息を吐く練習をした。学校の社交行事へ向かう途中ではその練習を必ず数回行い、その行事で新しいゲストや重要なゲストに自己紹介する直前にもやはり同じことをした。キャメロンはこの運動が好きになった。というのも目立たないので誰にも気づかれずにできるからだ。

姿勢

最後に、行事やイベントで緊張を和らげるため、キャメロンは背筋を伸ばして立つよう自分に言い聞かせて体をリラックスさせ、肩を下げて耳から離すよう意識した。冷静さが増すと、周りの反応がよくなったように感じられた。

タイの場合

タイは落ち着きがあって寛容な人間だった。ただ、対立や衝突が予想されると冷静ではいられなくなった。予想される衝突の程度が大きければ大きいほど、リスクを回避したくなった。戦術的なアイデアについてコーチにもっと言いたいことを言うべきなのに、それを反抗的な態度だと思われるのが心配だった。できる限り争いごとは避けたかった。ミーティングに向かうときは心を鎮めようと努力しなければならなかった。さもないと息が速くなり、トレードマークの冷静さが失われるからだ。彼に必要なのは呼吸を意識すること、それだけだった。

大きく息を吐く

タイは2日間ほど呼吸法を練習した。すると、たちまち気持ちがすっきりするのがわかった。試合中も、プレッシャーを感じたときを中心に呼吸法を取り入れるようになった。

雰囲気をつくる

ミーティングの時、タイは今度こそ良い話し合いができる雰囲気をつくらなければならないと決心した。厳格で妥協を許さない種類のものではなく、もっと自由に議論できる場にしたかった。そのためには自身の振る舞いから正す必要がある。ロッカールームを出てミーティングに向かうとき、10秒かけて大きく息を吐いた。部屋に入るときは身長190センチの体をまっすぐ伸ばし、コーチの目を見て穏やかに微笑んだ。腰かけてゆったり構え、足を床にぴったりつけろ（そうすれば緊張で脚が上下に震えない）と自分に言い聞かせる。これで十分リラックスして話し始めることができた。

アレックスの場合

アレックスは17歳にして経験豊富なアスリートで、呼吸をパフォーマンスの助けにしなければならないことをわかっていた。しかし、一番必要な肝心なとき、つまり物事が思うように進んでいないときに、それをするのをいつも忘れてしまった。「呼吸法」について彼女は、20分間じっと座り、鳥のさえずりや、「最高の自分になりましょう」みたいなつまらない呼びかけに耳を澄まさなくてはならない、というイメージを持っていた（鳥のさえずりはまだしも、後者のほうは私も特に役立つとは思えず、苦笑してしまった）。この少女はいま何を修正したらよいのかをストレートに知りたがっており、それは大したものだと思った。

大きく息を吐く

私は「本筋」から外れた枝葉をはしょることで彼女と合意し、さっそく「大きく息を吐く」運動に取りかかってもらうことにした。コート上で精神的なもろさが出そうになったとき、すかさずそれを抑える効果がある。シンプルなわりに有効なのでアレックスは喜んだ。集中力が切れかけたときに態勢を立て直すことができたのだ。試合に備えたウォーミングアップの前、得点と得点の間、ゲームとゲームの間、コートチェンジの間、サーブをする前などに、彼女は様々な回数、この呼吸法を実行した。いら立ったとき、うまくプレーできないときのリセットにも利用した。大きく息を吐く時間を確保するため、ラケットのグリップや手を拭くためにタオルボックスのところへ行くときは少しゆっくり歩いた。時間稼ぎをしていたのではなく、急がなかっただけである。大きな試合の日には自分と向き合い、起きてから試合終了までの間に何度も大きく息を吐くことを意識した。大事な舞台では一度きりでは不十分なのだ。ある大きな試合で勝利を収めた後、彼女は次のように言った。「ずっと呼吸を意識する、やったのはそれだけです。あんなに頻繁にやることになるとは思いませんでしたが、それだけの価値はありました」。日中15分ごとにやらなければならないのなら、そうすればいい。試合やイベント中に50回やらなければならないのなら、そうすればいい。

エネルギー補給

アレックスは冷静さを保つために他の方法も利用した。試合の日はナーバスになり、たびたび食事を抜いたから、適切なエネルギー補給をする必要があった。彼女は試合の数時間前に食べ物を口に入れるようになり、試合中も水分と軽食の補給を忘れなかった。

ストレッチ

なかなか消えない緊張を和らげるため、アレックスはストレッチも意識した。ウォーミングアップの最後によくやったのが「ラグドール」と呼ばれるヨガのポーズである。背筋を伸ばして立ち、ゆっくり前屈する。両手をコートに向けて落とし、体をだらんと揺らすようにしてから起こし、両肩を回す。これで思い通りのプレーをしてランキングを上げる準備が整った。

ジェイミーの場合

ジェイミーは衝動をなんとかコントロールしようとするなら、呼吸法を学ぶ必要があった。呼吸のスピードを落とせないと、防御的な振る舞いを抑えることはできない。はやる気持ちにブレーキをかけ、心拍数を制御する運動が必要だった。息を吐ききることを学べば、横隔膜を動かしてより多くの空気を吐き、より多くの空気を吸うことができる。その結果、呼吸が落ち着き、体もリラックスする。

4-7-8の呼吸法

この運動は不安を鎮めるのにもってこいである。何かに反応を起こす前に行ってもいいし、単にストレス軽減のために行ってもいい。この呼吸法を紹介したウェブサイトはたくさんあり、ジェイミーはその中のひとつを参考にした。それだけでこのメソッドは練習できる。

座って気持ちを落ち着けたら、目を閉じ、4秒間鼻から静かに息を吸う。7秒間息を止め、唇をすぼめて（ストローで息をするように）8秒間口から息を吐く。吸う時間の倍かけて吐くようにする。これを4セット繰り返す。気持ちの高ぶりや不安を抑える効果がある。ジェイミーは心身をもっとリラックスさせ、衝動的な反応を抑えるため、これを意識的に練習した。

大きく息を吐く

4-7-8の呼吸法ができるようになったジェイミーは、上司との打ち合わせの前、怒りがこみ上げそうになったとき、批判を浴びたときなど、もっと注意深く呼吸に集中すべきときに備えて「大きく息を吐く」運動もメニューに加えた。緊張が解けると、最初からいらいらして相手を口撃したり、自己防御に走ったりすることがなくなった。自重し、理性的に反応できるようになった。

＊　＊　＊

正しい呼吸法をマスターしよう。身体的な健康だけでなく精神的なバランスのためにも、呼吸法を毎日練習してほしい。心と体にゆとりがあれば、重圧をものともせず、のびのびと力を発揮できる。

散歩に出かけることで、たとえ緊張の最中にあっても、このゆとりをさらに強化できる。自宅やオフィスの周辺、これからパフォーマンスを行う場所などをぶらぶら散策しよう。

1分でも10分でもいい、心を自由に解き放ってのんびり過ごそう。あたりを見回し、地平線を眺めよう。お気に入りの絵や絨毯に寝そべった愛犬に目をやろう。そうしたものに気をとられることで、普段気をとられているものを忘れ、むしろ落ち着くことができる。やるべき仕事に集中したいのはわかるけれど、まずは何も考えずに遠回りやそぞろ歩きを楽しもう。それが貴重な心身のリセットになる。

冷静になり、冷静でいるためには、緊張を抑え、ゆったりと呼吸するだけでいい。とてもシンプルだ。呼吸エクササイズには良いものがたくさんあるので、自分に合うのはどんなものかをぜひ考えてみてほしい（長時間のものか短時間のものか、ガイド付きかガイド付きでないか、など）。しかし、あらゆる人に効果を発揮するのは、ここぞという瞬間に大きく息を吐くことである。そして次のスキルは、その重要なパフォーマンスの瞬間に焦点を当てる。

第13章

スキル2

気持ちを忘れる、大切なのは行動

高いレベルのスキルや経験があっても優れたパフォーマンスが出せるとは限らない。人は悪戦苦闘しているとき、何をすべきかという行動よりも自分の気持ちを優先しがちである。いきなりスキルを失って思うようにいかなくなったので、その状態から脱するのを待つしかないと考える。

これは正しくない。病気やけがでもしていない限り、たいていの場合、スキルはそこにある。失われて取り戻すべきなのはスキルではなく、集中力である。自信は気持ちの問題だが、パフォーマンスは行動の問題だということを思い出す必要がある。パフォーマンスを発揮するのに最も良い方法は、その瞬間にどう行動すればよいかを正しく理解することだ。

考えようという気にならなければならない。いや、ちょっと待った。思考がパフォーマンスの邪魔をすると繰り返し言われたことがないだろうか？　ただ何も考えず、成り行きに任せろと。「無心になったときに最高の力を出せる」とか「考えすぎてしまうので、そうならないようにしたい」という言葉をよく耳にする。私のアドバイスはこうだ。それは違う、効果はない。「考えない」というのは、メソッドとして非現実的で信頼できない。もちろん、最初からあまり緊張せず、目の前のタスクに集中できるときは、そのままでいい。しかし、考える準備をしなければならない。

常識に反するかもしれないけれど、気分が良かろうが悪かろうが、疲れていようが怯えていようが、それは文字通り大した問題ではない。大事なのは気持ちではなくスキルである。

プロの選手向けに最近、感情・思考・行動をテーマにした講演をしたとき、MLBの元選手が傍聴していた。講演が終わっていっしょに廊下を歩いていると、彼は物思いにふけるようにして言った。「選手時代には自覚してなかったけど、僕がいつもやってたのはあなたの言う『行動』ですね。『それをするな』と自分に言ったことはありません。何をしたらうまくプレーできるかをいつも考えていました。一つひとつの打席が大事な瞬間でしたから、プレッシャーの中で変な感情をなるべく抑えるため、できるだけシンプルに考えるようにしていましたね。ボールを打つのにやるべきひとつのことに集中するんです。『地面を踏みしめろ』とか『両手を前に』とか。僕にとってはメジャーリーグでプレーするなんて大変なことだし、自分に才能があると思ったことはありません。自分でも驚いたんじゃないかな。首位打者になれたのは、自分の気持ちには構わず、そのとき何をすべきかを考えたからでしょう。考えて行動したんです」

では、どのように行動すればよいか？　私のおすすめは、タスクを成し遂げるために必要なパフォーマンスキューを決めることだ。具体的には、正しいタイミング、正しい方法で行動を促す言葉やフレーズを決めるといい。何をすべきかを自分に言い聞かせることができる、それがパフォーマンスの発揮には極めて重要である。効果的なパフォーマンスキューはたいてい技術的または戦術的な性格を帯び、簡単にできる行動ではなく、目標達成に必要なもっと難しい行動に焦点を当てる。プレッシャーの中、それはあなたを適切な振る舞いへ導いてくれる。あるいは重要なポイントを見極めたり、最後までがんばったりするための道しるべになる。それはあなたのニーズや弱点次第である。いずれにせよ、パフォーマンスキューを決めておけば、道を踏み外すことはなく、まとまりのない考えに悩まされることもない。

パフォーマンスキューはどんな人にも効果がある。F18戦闘機のパイロットはある時、暗闇のなか時速250キロで「ボート」（空母）に着陸することについて話してくれた。私が「あんなすごいことをやっている間も、気が散ったりすることが少しはあるんじゃないですか」と言うと、「プラスのメンタリティーでいることがすべてなので、気が散っているひまはありません。自分がしていること、そこにのみ集中します」と彼女は答えた。この場合のパフォーマンスキューとなるフレーズは、すべてのパイロットに徹底的にたたき込まれた「ボート」の手順である。

もし本当に気が散りそうになったときは何が起きるか？　初級航空学校のとき、彼女はプラスのメンタリティーでいるのに苦労したことがある。成績評価の対象となるフライトで離陸しようとしたとき、教官パイロットが「なんでこんなところにいる？おまえに用はない」と言ってきた。戦闘機の女性パイロットがまだまだ珍しかった時代で、挑戦的な態度の人がいるのは承知していたが、この教官は彼女が失敗するのを本気で望んでいた。「こっちもちょっといらいらしました。なのでまず、集中力を欠いてはならないと強く決心する必要がありました」。これだけ自分を律せるのは心理学的にも大したものである。彼女はすぐに自分を取り戻した。不公平な扱いに泣き言を言うことも、パフォーマンスが振るわなくてもしょうがないと事前に言い訳を考えることもなかった。「そんなふうに、本来やるべきことに意識を向け直し、これからのフライトの技術的精度に気持ちを集中させることができました。常に準備は怠りなかったので、あの教官が引き起こそうとしたストレスに対処できるだけの心構えはできていました。やるべき手順や技術的に重要なキューは、いつでも見られるように、書きとめて膝にくくり付けていましたし」

この教官は（パイロットの精神的なタフさや問題解決能力を養うためではなく）彼女の進級を阻むためにああいう卑劣な発言をしたわけだが、彼女はそれには目もくれず、自らの課題に見事に集中し直した。このフライトを成功させるには何をしなければならないかを思い出した。その後もこの卑怯者にひるむことはなかったようだ。

パフォーマンス中に頭を働かせるのは良いことだが、そこにはルールがある。私のルールはシンプルだ。パフォーマンスキューは明確でなければならない。何をしなければならないか（何をしてはならないか、ではない）を体に教え、どこへ向かうべきかを心に伝えなければならない。数が多くてはならない。

このキューについてクライアントと相談するとき、私は容赦をしない。なぜなら、パフォーマンスが発揮できているときに何をしているかと最初に尋ねると、漠然とした一般論しか返ってこないからだ。「一生懸命やっている」、「何も考えていない」（いや、考えているけれど気づかないだけだ。そしてたぶん、いらぬ雑念に多かれ少なかれ支配されている）、「地に足をつける」、「自分を見失わない」、「敵に挑みかかる」、「自信がある」（重圧下で大事なのは気持ちではなく行動だ）……おわかりだろう。どれを見ても、どうやったらアグレッシブになるのか、何をしたら自分を見失わないのかがまったくわからない。

これらの漠然とした言い分も、どういう方針でやっていくかという確かな起点にはなるだろう。しかしもっと掘り下げないと、持てる力を引き出し、集中力を保ち、ミスから立ち直るきっかけは見つからない。掘り下げることで、間違った方向へ進みそうなポイントも正確にわかる。身体的または心理的な不安をもたらす領域や、簡単には実現できない手順や行動が明らかになるまで掘り下げる必要がある。

スキルに磨きをかけ、取り組みを改善するなかで、パフォーマンスのどの要素をターゲットにするかによって、パフォーマンスキューにも調整を加えよう。自分なりに満足できるまで、ひとつを修正したら次の課題へ移るという作業を続けよう。

あるクライアントは置かれた状況が少しずつ困難になるのに合わせて掘り下げを行い、パフォーマンスキューを調整したら、スカッシュの世界ランキングが上昇し始めた。最初は苦手なショットをいくつか安定させる必要があり、次いで大きなトーナメントでもっと冷静になりたいと考えた。その後、試合で調子が悪いときに集中力を維持する必要を感じた。それから次は試合に勝っているとき、そして最後に試合にケリをつけようとするときに、やはり集中力を保ちたいと考えた。彼女は自分の限界を広げながら活躍を遂げていた。そんな頃、電話があった。重要なトーナメントの準決勝で敗れたらしく、彼女はいら立っていた。「ほんとに勝ちたかった。確かに強い相手だけど、勝てるはずなの。ああ、くそ！」。感情にとらわれ、「やるべき行動」を忘れてしまっていた。トップレベルの選手に対して良いプレーをすることが次なる課題であった。

そこでまた掘り下げを行った。直近のその試合のビデオを見て話し合った。長いラリーが現在はネックになっていることに彼女は気づいた。ラリーが長ければ長いほど、得点（または失点）について考えてしまうのだ。ショットのたびに勝利（または敗北）を予想するようになって緊張が高まり、思うようなプレーができなくなった。一流選手との長いラリーは彼女をうろたえさせた。もし甘い球がいったり、ミスを2つ続けたりしたら、すぐに容赦なく打ちのめされるとわかっていたからだ。「8回とか10回のショットを必死でがんばって得点できたら、気分爽快で文句なし。でも向こうに得点されたら、もう最悪。プロセスについて考えるのをやめたら勝ち負けのことばかり考えちゃう、それがダメなの」。トップ選手とのラリーが長引いたときにどうしたらよいかを考える必要があった。

彼女は次のように決めた。ラリーで6、7回ショットを打ったら、いよいよ本腰を入れ、精神を集中させ、冷静さを保つ。両肩を下げて心身をリラックスさせる。「柔らかいショット」を意識して、両手を柔軟にコントロールする（何も考えずにボールを打ち返さない）と同時に、相手をコートの後ろに下がらせて形勢を立て直す時間を稼ぐ。彼女はその後5日間、全米オープンでの来るべき試合に向けて、そのシナリオを心の中で何度も確認した。試合は長い接戦になったが、本人いわく、プロセスに集中できず結果に気持ちが行ってしまったため勝てなかった。長いラリーへのアプローチを修正するまで、パフォーマンスキューをちゃんと意識しなければならないのはわかっていた。今回も彼女はいら立っていたが、正しい方向へ向かっているのは間違いない。これからはもっと良い結果が出ると私たちふたりは確信した。

十分に吟味したはずのキューを、気がついたら延々と（またはでたらめに）変更し続けている場合はどうするか？　もしそうなら、それは真面目に答えを探しているのではなく、自分を試すのが怖いだけだと自覚する必要がある。パフォーマンスキューを気軽に変えてこれといった効果がないとき、あなたは成功に近づいているはずもなく、もしできなかったらどうしようと恐れているにすぎない。成功の可能性を信じていつまでもぐずぐずしているほうが、失敗のリスクを冒すよりもラクである。皮肉なことに、決めたキューを完全に実行すれば、望む結果を一番得やすくなる。欲張っても実現は難しいので、キューを選ぶ際は数を絞り、何をすべきかを正確に体に伝えよう。そしてそれを実践しよう。パフォーマンス上の難問はこうして解決できる。

自身のパフォーマンスを評価するときは臆せず正直に向き合い、正しいキューを見つけなければならない。先発捕手のサミーも試合で調子を取り戻すため、この手法をすぐにマスターする必要があった。彼に会うために訪れたマイナーリーグの球場では、クラブハウスを通らないとダグアウトへ行けなかった。野球のクラブハウスは選手がシャワーを浴び、着替え、たむろする場所である。私が「ちょっと通りますね」と言うと、ある選手が大声で「おい、おまえら！　ソーセージはしまっとけよ！　ダナ様のお通りだ」と叫んだ。うなだれて顔を真っ赤にしながら、私は急いで部屋を通り抜けた。もうすぐ出られるというところでサミーが私を呼び止めて「困っちゃうよ」と言った。私は顔を上げ、「そうね、私もよ」と言った。「いや違うんだ。ポップフライを落としてばかりで困ってるんだ。どうしたらいいかわからない。おかげでメジャーに行けないし」

その日の練習前、サミーは人のいないスタンドに私を座らせ、フライを落とすたびに不安が増していくのだと力説した。コーチたちは数え切れないほどの練習や激励で彼を助けようとしたが、効果は出ていなかった。チームメートとコーチは今や冗談交じりに、ボールを落とすかどうか賭けをする始末だった。彼が苦しんでいるのはよくわかった。でもしばらくはその感情面には触れないことにした。その代わり、ポップフライの捕り方を教えてほしいと頼んだ。

「考えたこともないよ、ただ捕ってるだけだ」と彼は言った。

「おや、それは問題だわ」と私は言った。「うまくいっていないんだから、必ず修正点があるはずよ。ちょっとやってみせて」

「たぶんこう、ボールのほうへ走るんだ」

「なるほど」と私。「でも最初にやらなくちゃならないのは何?」

「ああ、そうか。まずマスクを外す」

それから彼は必要な動きを順番に説明し、5つのポイントがあることに思い当たった。①マスクを外す。②ボールの行方を追い、落ちてきそうな場所へ移動する。③背中をインフィールド(内野)に向ける。スピンがかかってマウンド方向へ押し戻されるボールはそのほうが捕りやすい。④両手で確実に捕る。⑤ランナーがいたら次のプレーへ移る。掘り下げるにつれて彼の説明は正確さを増していった。もう自分の気持ちについて語ってはおらず、「やるべき行動」だけに焦点を当てていた。

どのポイントがうまくできていないのかを明らかにする必要があった。私は「簡単にいかないのはどれ？　どれがちゃんとできてない？」と尋ねた。彼は最初迷っていたが、何度かやってみるうち、ボールが上がった瞬間に不安が生じることに気づいた。それからボールに向かってダッシュするのだ。

「そのとき何をしているべきなの？　ボールを捕るために何をしなくちゃならないの？」と私は訊いた。

「ボールに向かってゆっくり動かないといけない。思っているより時間があるから」

彼は不安だから慌てていたのだ。すると気持ちが結果へと飛んでしまう。ボールを捕れるかどうかが心配になり、さらに緊張が高まる。

その日の午後の練習中に、彼はパフォーマンスキューのあらましを考え出した。遠くまで行く必要はないのだから、ボールをゆっくり捜さなくてはならない。以前はボールが打ち上がるとパニックに陥り、その数秒間に例えば「落とすなよ」とか「プロだろ、ちゃんと捕れ」と考えていた。その夜の試合では、ポップフライが打ち上がったら「慌てるな。ゆっくり追え」と自分に言い聞かせることにした。

その夜最初のキャッチャーフライを捕ったとき、思いやりをなくしていたベンチの面々が沸き立った。サミーは「ことのほか」安堵し、コーチは彼のことを誇りに思うとさえ言った（それだけでも実に画期的な出来事である）。彼はポップフライ恐怖症をただちに克服した。それというのも自分が抱える難題について正しく明確に考え抜いたからだ。

それからほどなく、彼はメジャーリーガーになった。メジャーリーグ入りするバッテリーの中でも評価が高く、その後長いキャリアを歩んだ。「ダメだ、こんなの捕れない」から「時間はある、ゆっくり」へパフォーマンスキューを変えたら、これだけのことができるのだから驚きである。サミーは「やるべき行動」にこだわった。あなたにもそれはできる。

キューを決めるときはまず、パフォーマンスが良かったときのことを確認する時間をとろう。すべての動きをチェックし、どの技術的要素がハイパフォーマンスを生んだのかを把握しよう。いずれそれらを短くまとめる機会もあるだろうけど、まずは数多くリストアップすることだ。例の5人のパフォーマーもそうしたのだから。

ライリーの場合

氷上でうまくプレーできているときのことをじっくり思い起こしたライリーは、主なパフォーマンスキューを比較的簡単に特定することができた。

・足を動かす。
・滑り続ける（スタート・ストップ、ノース・サウス、旋回はなし！）。
・最初の3歩をしっかりダッシュ。
・パックを離さない。
・オープンスペースに入る。
・チェックを完遂する（しっかり肩を入れてタックル）。
・フォアチェックに行く。
・身を低くしておく。
・スティックさばきを巧みに。
・積極的にシュート、シュート、シュート！

これらの動きに集中すると、アイスタイムやスタッツなどに気をとられることなく確実に実行に移せる。パフォーマンスキューが集中力を高める助けになる。

キャメロンの場合

イベントに向かう途中やイベントの最中に自分なりのキューを意識し続けると、パフォーマンスをもっと簡単にコントロールできるとキャメロンは思った。

- 呼吸を常に意識する。
- 全身をスキャンし、肩の力を抜く。
- 両手は脇か前（腕を組まない）。
- まず顔見知りと話し（勢いをつけるため）、その後初対面の人のところへ移動する。
- 人から人へ目的を持ってゆっくり移動する（忙しそうに見せようとしてうろうろしない）。
- 様々なテーブルへ足を運んで挨拶する。常に笑顔で自己紹介する。
- 相手の目を見る。

・質問し、相手の反応をよく聞く。
・乾杯のときは立つ（座ったままは避ける）。
・1人につき最大10分。その後、次の人へ移動する。

これらによって彼女は安全地帯から出て、あけっぴろげで親しみやすい印象を与える（よそよそしく思われない）。また会話に集中し、客人に礼儀正しく接することができる。

タイの場合

タイは自分自身とチームをもっとうまくリードしたいなら、コーチの強引な言い分を跳ね返す必要があった。受け身の姿勢でミーティングに臨み、（自分自身とコーチに対して）また不満を抱えたまま終わるのを避けるため、彼は時間をとって必要と思われる具体的なポイントを整理し、その上でパフォーマンスのきっかけになる行動を特定した。

・自分のアイデア（どんなフィードバックが欲しいか、欲しくないかなど）を書き出し、そのリストを携行する。
・思っていることをためらわず口に出す。
・指摘した点が何らかの形で解決するまで話題を変えない。
・同意できないときは反対する。
・重圧を受けても冷静に対応する。落ち着いた口調を保つ。
・これは話し合いであって、けんかではない。

タイはミーティングの最初にまず、コーチの作戦の素晴らしい点や、コーチのおかげで選手として向上できたこと（これは本当だ）について話した。次に、コーチに改善してもらいたい点がいくつかあると述べ、どんなフィードバックが自分を（へこませるのではなく）やる気にさせるかについても思っていることがあると言った。重い話は本筋からそれやすいが、タイは上手な切り出し方を学んでいた。

アレックスの場合

アレックスはどんな時に対戦相手に嫌がられたかを思い出し、次のようなパフォーマンスキューをすらすら挙げることができた。

・足を動かす。
・ボールのほうへ動く。
・次のボールに早く備える。
・ボールに素早く到達する。
・ラケットを加速させて打つ。
・打つときは息を吐く。
・タオルボックスまで行って一息入れる。

これらを言い聞かせることで、自分が人にどう思われているかを気にするのではなく、「やるべき行動」に集中してプレーできた。

ジェイミーの場合

もっと辛抱強くなり、自己批判を減らし、人間関係を壊さないためには、感情の爆発を抑えるパフォーマンスキューに従わなければならないことをジェイミーは理解していた。ストレスや不安を感じたときはなるべく口を開かず、聞き役に回る必要があった。そうして初めて、自分以外の人の見方がわかるようになった。

・反応したくなるのを抑え、黙っている。
・椅子に沈み込むように座り、ゆっくり後ろへもたれる。
・立っているときは手を下げたままにし、一歩下がる。
・じっとしていられないときは休憩を提案し、その場を離れ、態勢を立て直す。
・5秒間口を閉じて何も言わない（開口一番、最悪の言葉を吐いてしまうから）。
・そのままじっとしている。自分が弱い人間だと感じて虚勢を張ることをしない。
・表情を柔らかくする。

＊　＊　＊

パフォーマンススキューをリストアップできたら、4つのスキルの半分が終了である。追ってその中から最も重要なものを選んでもらうことになるが、差し当たり次のスキルを見ておくことにしよう。これはかなり楽しいはずだ。

第14章

スキル3

言葉で乗り越える

あなたは自分自身にどんな言葉をかけているだろうか？　セルフトークは気持ちや行動に大きな影響を及ぼすことがある。心の中のつぶやきをもっと意味のあるものに変えてみてはどうか。とはいっても、鏡の前で毎日唱えるポジティブアファメーション〔なりたい自分の状態を宣言してその実現を手繰り寄せようとする手法〕のことではない（もちろんやりたければやってもらって構わないが）。ポスターなどに書かれたインスピレーションを誘う文言のことでもない。私が言うのは、心の中にある自分だけの物語を今一度振り返ること、そして必要に応じてそれを呼び寄せ、生産的な瞬間を正しく再現することである。

自分だけの物語というとき、まずは事実——あなたの事実からスタートしたい。つまり、あなたがこれまでに成し遂げた成果のことだ。事実は嘘をつかない。過去の優れたパフォーマンスの証跡である。その業績は誰も否定できない。あなた自身でさえ、疑り深かろうが機嫌が悪かろうが否定できない。事実は嘘のない本当のものに意識を集中させる効果がある。

私は全仏オープンに出場する若きテニス選手の相談に乗っていた。翌日のシングルスの試合に備えて、私たちは選手用ラウンジでゲームプランの微調整を行っていた。彼女がナーバスになり始めているのがわかった（これは想定内だ）。しかしすぐに、頭の中でネガティブなシナリオばかりを考えているのもわかった。そこで事実を思い出してもらうため、彼女がそれまでテニスで挙げてきた実績について尋ねた。「わからない」と彼女は言った。全仏オープンに出場しているというのに！　何の実績もなくこの場に立っていることなどあり得ないと私は言ったが、それでも彼女は「わからない」と言うのだった。プレッシャーを感じると気持ちがネガティブになってしまうクセが出始めていた。私は訊き方を変えてみた。

「ここに出てきている選手はみんな優秀でしょ？　そこにはあなたも含まれているのよ。だから教えてちょうだい。あなたはなぜ優秀なのか。ここへくるために何を成し遂げてきたのか」。彼女がまだ煮え切らないので、こちらが知っている基本的なことをいくつか投げかけて助け舟を出した。「体調は万全？　あなたは力がある？」。彼女はしぶしぶペンを執ったが、すぐに次のように書いた。「良い結果を出してこのトーナメントへの出場を勝ち取った。ここでプレーする資格は十分ある。私はランキング上位の選手だ。体調は万全で力もある。力強いプレーをする。過去のビッグトーナメントで能力を示してきた。この前のグランドスラムでもプレッシャーの中、良いプレーをした。コーチからは才能とポテンシャルがあると言われている」

それらの真実を支えに緊張が解け、彼女は精神的なバランスを取り戻すことができた。それで私たちは来るべき試合について生産的な話し合いを持つことができた。翌日、彼女は負けないためではなく勝つためにプレーし、何カ月かぶりの見事なパフォーマンスを見せた。試合には負けたけれど、それはつまらぬセルフトークのせいではなかった。自らの実績を受け入れることで、ストレスを受けるとすぐにイメージしてしまうネガティブなシナリオが無効化された。事実にこだわることで、プレーへの集中力を維持するためのエネルギーと決意が新たに生まれた。

事実をリストアップするときは、コート上だけでなくコート外でのデータや証拠を盛り込んでもいい。試合結果、統計数値、販売・予算数字の達成、優れたパフォーマンス、好プレー、受賞歴、コーチや上司からのフィードバック、メディアレビュー、スキルの向上、家族のサポート、学業成績……特筆すべきと思える真実なら何でもいい。これはかなり楽しい作業になる！

リスト作成に当たっては、事実を正しく分類することが重要である。せっかくの実績をあえて軽視したり、自身のこれまでのパフォーマンスを正しく評価しなかったりすると、パフォーマンス向上のチャンスがなくなってしまう。完璧な人や完璧なものは存在しないのだから、際立って優れた成果でないと「事実リスト」入りできないなどと考えてはならない。完璧でなかったからという理由でパフォーマンスの向上や改善を失敗と分類しないようにしよう。また過去の業績について、再現可能かどうかわからないから軽視することもないようにしよう。少なくとも一度達成したのであれば、それは再現可能なのだ。

あるオペラ歌手が私のオフィスに電話して助けを求めてきた。彼女はソプラノ歌手としてのキャリアを次のレベルへ進めるため、精神的な強さをもっと磨きたいと考えていた。自分の思い通りに歌えないのではないかという不安があり、実際に思い通りにならないとさらに不安が高まった。そうなるともう思い通りに歌うのは不可能に近くなる。パフォーマンスの精神面に関する彼女の認識は正しかった。それにもっとうまく対処する方法を学ぶ必要があった。

最初のミーティングで、歌手として、人としてのあなたの優れた点は何かと訊いてみた。彼女はこの質問に戸惑っているようだった。まるで強みがあるなんてとんでもないというみたいに。そして、答えやすいのはむしろこちらだとでも言わんばかりに、自分の失敗や限界をすらすらと述べたてた。

「自信がまったくありません」（これは問題なかった。第4章で見たように、自信は過大評価されている）。「学校でいじめに遭ったせいで、自分は何か違うんだ、どこか外側の人間なんだと感じるようになりました。今でもそう感じています。若い頃には才能の塊だと言われたりしましたが、テクニックなど一切持ち合わせていませんでした。音楽番組にはコーラス以外で参加させてもらったことがありません。オーディションを受け続けていますが、ちょい役ですらもらえません。集中力がなくなると諦めてしまいます。特に身体的なコンプレックスがあって、たとえ楽しくやれそうなことでもやる気を奮い起こすことがなかなかできません」

発言はさらに続いた。「パフォーマンスに関する不安を言い訳に練習しなかったりオーディションを受けなかったりしている気がします。それでさらにうんざりした気分になります。自分自身に対するポジティブな見方ができず、私なんて全然ダメと思ってしまいます。そんな性格を変えたくても、どう変えたらいいかがわかりません」

本当なら成果や実績をこれだけリストアップすべきなのに！　でもこれは時々起きることなので、驚きはしなかった。心のバランスがうまくとれずに人生の課題にうまく対処できない人はたくさんいるのだ。私は彼女がオフィスを訪ねてくれたことを喜んだ。なぜなら、それは変わる準備ができていることを意味したからだ。彼女は自分自身に対してかける言葉、いわば内なる声を変える必要があった。

つまらぬセルフトークを言ったり、自分の価値を頑なに否定したりすると、事実をもとにスタートを切るのが難しくなる。このソプラノ歌手はまさにそのタイプだった。自分自身を見つめることから逃げていた。だから私はあえて強く尋ねた。どんな演奏会に出たか？　あなたの才能やパフォーマンスについてどんな評価がなされたか？　自分の性格や特徴のどんなところを評価しているか？　それが宿題だった。1週間かけて気持ちを落ち着け、正直に見つめ直してもらうことにした。自己をおとしめる文言を並べ立てるだけではなく（それが真実かどうかにかかわらず）、自分の良さを物語る事実を残さずリストアップしてほしかった。

1週間後の彼女は様変わりしていた。「私はそう、間違いなく歌うことが大好きです。歌を諦めかけたことは何度もあったけど、諦めはしなかった。歌の先生（メトロポリタンオペラのOB）は、模範的な生徒ではないことも多い私を今も我慢強く指導してくれています。ステージ上の存在感がすごいと言われたことがあります。私は直感が鋭く、なるべく自分の勘に従うようにしています。なぜならそれはたいてい正しいから。ピアノの先生は私が小さいとき、母にこう言ったそうです。『お嬢さんに音楽の才能がないのなら、とっくに引導を渡していたと思いますよ』」（これをきっかけに彼女は自分には本当の才能があることを思い出し、いよいよその才能を発揮すべきときがきたのだと思い至った）。「何人もの人から才能の塊だと言われてきました。私は背が高く、とても魅力的です。親切で善良な人間です。人の力になり、面倒を見ようとします。友好的で忠実です。若いとき、ヨーロッパに招かれて世界的に有名なオペラ歌手の指導を受けました」

リストは上出来だった。正直であり、意味のない自己肯定とは無縁だった。おかげで彼女は自分でもだんだん顧みなくなっていた長所や強みを再認識した。リストでは、良い生徒であり続ける必要性も強調されていた（私のオフィスへ来たことだけでも、それはすでに実践されていたわけだが）。

私は笑顔で言った。「ここに書いてある人物はなかなか悪くないんじゃない？」

「そう思います」と彼女は答えた。「大変な作業でしたが、先へ進んでいこうという気持ちが固まりました。そうそう、今週、オーディションへ行く決心もしました」

今回の彼女はコーラスどころか3つのソロ出演をつかみ取った。何週間ものリハーサルに対する心の準備がまだまだ必要ではあったが、オーディションを受けるという最初の難題から逃げなかったことに誇りを感じていた。今は少なくともさらなる成功の可能性が見えていた。

自身の成功をたたえるのは自己満足とは違う。事実のリストを作成したから意欲が失われるわけではない。もともと思い上がったうぬぼれ屋でない限り、自信過剰や自己満足に陥ることはない。もし思い上がったうぬぼれ屋であれば、どうか落ち着いて事実リストの作成をやり直してほしい。今度はぜひ正直に。根拠のある満足と根拠のない満足は別物である。正直に取り組めば、事実リストは緊張の軽減や自身の能力の再認識に役立ち、将来に向けて前向きになれる。自己満足に陥るのを怖がらず、自身の実績を正面から見つめよう。

リストは毎日でも構わない、好きなだけ確認しよう。大切なイベントの当日まで、必要なら何度でも参照しよう。心を落ち着けるためなら、イベントの最中に見てもオーケーだ。あるクライアントは重要な国際大会の前、事実リストに毎朝毎晩目を通すようになったと言った。日中も何気なくリストを再チェックするのだという。その結果、気持ちがすっきりし、かつてないほど上手にプレーできるようになった。実際、彼女は国内で最高の女性選手になるという偉業を成し遂げた。自分の良い点を書きとめるのは、頭の中で前向きな声を響かせるために必要不可欠である。

自分自身の事実をリストアップして確認するのは、優れたセルフトークのほんの一部にすぎない。「スマートトーク」を加えることで、事実に基づく前向きな声を持続させよう。スマートトークは具体的な方向を示し、あなたをさらに一歩前進させ、難局を乗り越えるための力になる。パフォーマンスキューならびにカギとなる行動を思い起こさせ、良くない思考を無効化し、努力と決意を促す。冷静な心を支え、集中力を高める。挑戦し、激励する。生産的・建設的である。スマートトークは大切な瞬間にあなたを前へ向かわせる。

ごく単純なメッセージでも力を持つ。学校の急流カヤックツアーでボランティアをしていた母親は、急流下りに気が進まない自分を励まして「きっとできる！　きっとできる！　きっとできる！」と叫び続けていたそうだ。これには彼女も私も笑ってしまった。最後の急流に達したときも同じせりふを繰り返していたという（ただし最初よりはずっとソフトな調子で）。現場でずっと声を出し続けたおかげで水流にうまく乗るという仕事に没頭し、少しずつ冷静になることができた。そのことが彼女は誇らしかった。間違いなく誇っていい！

スマートトークはポジティブでなければならないかというと、必ずしもそうではない。無理にポジティブを意識しすぎて判断を誤るケースもある。F1ドライバーがレース当日に「今日はイケてるぞ。絶対勝てる」とつぶやき続け、しかし結果はいつも後ろのほうだったら、つぶやくせりふを修正する必要がある。もちろんどんな内容でも構わないけれど、明らかにナンバー1ではないのに「我こそはナンバー1」と自分に言い聞かせていたら、改善できるものも改善できなくなる。根拠のないポジティブな姿勢は時間とともにやる気を削ぎかねない。特に、負けそうだという予感をごまかすため、あるいは勝負強くなるのに必要な練習から逃れるために虚勢を張っているようではいけない。ポジティブなトークは常に歓迎すべきだが、現実的でないと効果はない。

反対に、ネガティブなトークの中に驚くほど役に立つものがある。次のようなネガティブな思考は当然予想される。「意見を言うのは苦手だ」「果たして思い通りにいくだろうか」「次の試合でうまくやれるか心配だ」「十分なレベルに達していなかったらどうしよう」。いずれもネガティブではあるが、内容が正しければ、修正を加えてみる価値はある。例えば「あいつにやられたくない」の代わりに「試合に集中しないとやられてしまう。緊張してちょっと気が散っているから、気持ちを落ち着けてゆっくり呼吸し、パフォーマンスキューを思い出さなければ」のように言ってみよう。ポジティブでもネガティブでもないニュートラルなスマートトークも建設的になる可能性がある。ポジティブでないからという理由だけで排除されるものではない。

正確性を欠くネガティブトークを繰り返すのは危険である。例えば「私はどうしようもない選手だ」「ちゃんとやれたためしがないのだから、誰も話を聞いてくれないのも無理はない」「ここにいる資格はない」……。最初からネガティブなマインドになるのは、そのほうがラクだからである。ネガティブな決めつけをしておけば、受身でい続けても言い訳が立つし、難局に向き合う覚悟を決めなくても済む。

ネガティブでいることを選べば行動を起こさなくても許される。無理して限界を目指す必要もない。この心理空間にいる限り安全が保証される。もし本気を出していたら、全力を傾けていたら、目標を達成できたはずだ、つまりまだ勝つ可能性がある、と自分に言い聞かせることができる。あらかじめ失敗を受け入れてしまえば、がんばったけれど力が及ばなかった場合より傷は浅い。ネガティブトークは何もしないこと、チャレンジしないことの言い訳になる。そのままにしていてはいけない。

自分の独り言がスマートトークであるかどうかを確認しよう。パフォーマンスの前、最中、後に言いそうな言葉を書き出そう。良い言葉の上位5つはそのままキープし、残りは変更する。そして新たな選択肢になる言葉をいくつか書き足す。ポジティブ（単なる妄想はダメ）またはニュートラル（ネガティブはダメ）な表現を目指す。平たく言えば、自分の言っていることを信じていない場合は、それを言ってはならない。信じてはいるけれど、それが害をもたらす場合は、建設的なものになるよう修正を加えなければならない。

全国ストロングマン大会で断トツの最下位となって以後、私の新しいクライアントは「自分はダメだ」という考え方を受け入れてしまっていた。不安を抱き、極めて後ろ向きなセルフトークを使っていた。「俺は情けないほど最悪の男？　詐欺師？　サンドバッグを頭上に落とすかもしれない。一度やりそうになったからな。ヘマすんなよ。でも、みんなが俺にがっかりするのはわかってるんだ」。彼は明らかに自らの足を引っ張っていた。

3カ月後、ある程度の成績を収めた後、競技会に対する彼のメンタルアプローチは変わっていた。新しいセルフトークはこんな感じである。「準備は万端だ（精神的にも身体的にも）。ステージに上がったら逃げられないのだから、やるしかない。きっと強さを発揮できる。すごく良くなったんだ。ゆっくり呼吸してパフォーマンスキューにこだわれば、全然大丈夫。絶対できる。（重量挙げでは）バーをすねに近く。まっすぐ上へ。たった60秒じゃないか」。ポジティブで現実的である。またネガティブな部分があっても建設的な行動へ変えていた。

大会の前日、彼は「準備はできている」と言った。嘘はなさそうだった。スマートトークを書いた紙を鞄に忍ばせ、各競技の前に必ず目を通していた。ついにはいくつかの自己ベストを出し、国内記録を更新した。彼にはパフォーマンス改善の能力がもともとあった。あとは自分自身にそれをコーチすればよかったのだ。

自分にかける言葉でパフォーマンスをまっとうしよう。何をいつすべきか、何に備えるべきかを言い聞かせよう。

以前、契約しているMLBチームのチームビルディング・デーに招かれ、スカウトやフロントの面々といっしょに参加したことがある。他のチームではペイントボールやビリヤードが一般的だったが、今回はゴーカートレースで親睦を図るらしく、わりとおもしろそうだった。

レーシングスーツに身を包み、名前入りのヘルメットをかぶった我々にわかドライバーがスタートラインにつくと、トラッシュトーク［相手を牽制・挑発する言葉］が全開となった。最後の4回目のレースでは、私はゴーカートを反転させないコツをマスターしていたので、それを徹底させようと思った。絶えず前進を続け、周回ごとにできるだけ遠くまで行くためには、レース中ずっと自分に声をかけていなければならないのはわかっていた。最初は冷静な内なる声で自分自身を導こうとしたのだが、最後には文字通りヘルメットの中で大声をあげていた。「カーブだ、ハンドルをしっかり握れ！」「ブレーキを離せ、アクセルを思いきり踏め！」「直線では呼吸！」「行け、行け、行け！」

レーストラックでやるべきことに集中し続けていないと（あるいは別のゴーカートにブロックされたり、ぶつけられたりすると）、気をとられてスピードが落ち、ポジションを失うのはわかっていた。その後、リーダーボードのトップに私の名前があるのを見て、ある若いスカウトは苦々しそうに不平をこぼした。私が自分への声かけでがんばり抜いたことを、彼は知る由もなかった。

事実とスマートトークを頻繁に利用しよう。書きとめていつでも見られるようにしよう。心の中で唱えるだけでなく、必要なら声に出してもいい。あるビーチバレー選手は世界選手権の決勝戦で、大声で自分に話しかける必要があることを知った。そうして初めて内容が現実味を帯び、無視できなくなるのだ。今ではウォーミングアップ中、試合中を問わず、語りかけている。そのおかげで世界のトップ選手でいられるのだから、他人に聞かれようが気にしない。彼女はさらにこう述べる。「大声で語りかけ、励まし、生き生きとしているほうがうまくプレーできるので、事実とスマートトークは私たちのゲームプランに一番欠かせない要素です」

スマートトークはシンプルかつ効果的なメソッドであるが、まず正直でなければならない。セルフトークを考えるに当たっては2つの側面があることを覚えておこう。まず、正しい精神状態を保つため、成果や実績に焦点を当てた事実リストを作成する。それから、試合などのイベント中やイベント前、または日々の日課として使える、建設的なスマートトークの短いリストを作成する。

先の5人のパフォーマーも、重圧が高まるその時に備えて事実をリストアップし、スマートトークに手を加え、最大限の力を発揮できる態勢を整えた。

ライリーの場合

事実リストの作成など考えたこともなかったライリーだが、一度やり出すと楽しくなった。

・ドラフト上位で指名された。

・フェースオフでは優秀なスタッツを残している。
・シーズンオフの準備は順調で、コンディションはかつてないほど良い。
・5年の経験があるプロ選手である。
・私のように大きくて強く、頭の切れる選手はチームにそう多くいない、とGMに言われたことがある。
・大学の学位を持っている。

すべての事実がパフォーマンスに直接関わるものでなければならないかというと、そんなことはまったくない。ホッケーとは何の関係もないが、ライリーは高等教育を受けたことに誇りを持っていた。それについて考えると、自分もいろいろ成し遂げてきたのだとあらためて気づくことができた。普段の自信なさげなスマートトークに代えて、ライリーはもっと信頼できるポジティブなリストをつくるようにした。優れたスマートトークは「行動」に結びつくことが多いので、パフォーマンスキューも部分的に取り入れた。

・自分にできるのは試合をコントロールすることだけ。だから自分自身に集中せよ。

・足を動かし続けたら力を発揮できる。
・パックを離さずに滑り続ければ、何かが起きる。
・こいつらとは互角に張り合える。夏の間中トレーニングを積んできたから。
・緊張しても構わない。緊張するのはうまくプレーしたいからだ。呼吸を思い出せ。
・これは得意分野だ。自分のやっていることがちゃんとわかる。
・自分らしくプレーしろ。絶対うまくいく！

キャメロンの場合

キャメロンはとても控えめな人間で、自分の実績を語ろうとしなかった。だから私のほうから、これまでのキャリアで何か特筆すべきことがないかをしつこく尋ねた（いくつかあるのは両人とも重々承知だった）。それでようやく彼女は語り始めた。

・仕事ができるからこうして昇進した。校長によれば、私は断トツの候補者だったらしい。
・卒業に当たって生徒からは良い先生だったと感謝された。

・指導法について必ず高い評価を受けている。
・教え子は標準テストの出来が良い。
・学業上の悩みや個人的な悩みについて生徒から相談される。
・知り合いとは良好な付き合いをしている。聞き上手である。
・ピックルボールがとびきりうまい。最近、あるトーナメントでメダルを獲得した。

自分の事実について考えると、キャメロンは落ち着いていられた。そこがポイントである。今やほんのいくつかのスマートトークがあれば、いざという時にも冷静でいることができた。

・落ち着いて。必要な力は備えているのだから。
・私は正当な理由があってここにいる。上司は私を信じてくれている。
・本当はこれが得意だ。みんなの反応も良い。私は好かれている。

タイの場合

タイは多くの実績をあげていたから、リストアップも容易だった。

・NFLでプレーしているし、それが気に入っている！
・状況を読むのがうまい。
・チームメートとうまくやっている。
・強肩である。
・給料をたくさんもらい、仕事に感謝している。
・カンファレンスでの優勝経験がある。
・タフで、文句を言わない。
・素晴らしい妻がいる。
・慈善活動に熱心で、資金調達も順調である。

タイのセルフトークはもともとポジティブだったが、彼は優れたスマートトークで対立や衝突にうまく対処できるようになることに焦点を当てたかった。

- 独り立ちせよ。
- 落ち着け。抵抗に遭っても引き下がるな。
- 私の意見は重要だ。遠慮なく話せ。
- どうプレーしたいのかを決めて、それを実行せよ。
- それが効果的でない理由を述べ、もっと効果的な案を出せ。

アレックスの場合

あるトーナメントの開催中、アレックスに過去の事実を思い出してもらおうとしたが、ご多分に漏れず最初は尻込みしていた（うぬぼれていると思われたくなかったのか、それとも冷笑を買うのが嫌だったのか）。でも彼女の世界ランキングについて尋ねると、ようやくリラックスしてくれた。願望や欲望、欺瞞といった主観や感情が絡む世界ではなく、客観的な事実について話しているのだということをわかってくれた。だからこそ事実は役に立つ。彼女はそれを「楽しい事実」と呼び、私が尋ねると皮肉っぽく

（白目をむいて）上位3つを暗唱してみせた。しかしとにかく以下のものを挙げてくれた。

・世界のトップ50に入っている。
・ジュニアの国内大会（インドア、アウトドア）で優勝したことがある。
・10歳の頃からハイパフォーマンスを発揮している。
・プロに向けて順調である。
・体調は万全で力があり、運動神経抜群である。
・トップ選手を倒したことがある。
・安定した良いサーブを持っている。
・ボランティアが好きで熱心に活動している。
・学校の成績は平均で90点に届く。
・いくつかの名門大学から誘いがある。

続いて優れたスマートトークも思いついた。

・以前もできたんだから、きっとできる。
・相手に嫌がられるプレーを。
・ゲームプランに忠実に。
・奮い立て。「さあ来い！」
・相手に余分なショットを打たせよ。
・1ポイントずつ集中して。

ジェイミーの場合

実績が豊富なジェイミーは、事実を挙げた後、自分のことをもっと良く思えるようになった。

・MBAを取得するほどの知性がある。
・良い仕事に就き、順調に働いている。
・豊かな生活を送っている。
・仕事に一生懸命である。

・今年の数字は優秀である。
・この前のプロジェクトでは高い評価を得た。
・上司からの評価は非常に有益である。
・創造性豊かである。ピアノとギターを弾き、作曲もする。
・料理が好きで、腕前も悪くない。
・得意な趣味がある。
・大学ではスポーツをやった。
・両親自慢の子どもである。
・ガールフレンドから愛されている。

不安や脅威を感じると行動がおかしくなる傾向があったジェイミーは、それを意識的に直す必要があった。そのため、生来の乱暴なセルフトークを、焦点を絞ったスマートトークへと修正した。

・私のことじゃない。気にするな。
・上司は私を助けるために言ってるんだ。わかってる。

・最後は必ずうまく収まるし、私も良い仕事をする。
・ゆっくり呼吸し、余裕を持て。
・ここは我慢だ。いい奴でいろ。
・敬意を忘れるな。

＊　＊　＊

ジェイミーは自らに語りかけることで不安や怒りを抑える心構えができた。他の4人も含む全員が、大舞台の前や最中に使う優れたセルフトークを手に入れた。ではいよいよ、ちょっとした「空想」の練習をしてみることにしよう。

第15章

スキル4

空想し続ける

誰もが頭の中でイメージを描く。思い出にふけるとき、過去の出来事を悔いるとき、未来の計画を立てるとき、あり得そうもない英雄的行動や大惨事を夢想するとき……私たちは自分でも気づかないほど頻繁にイマジネーションを働かせている。プレッシャーが高まる瞬間に備えてそれを利用しない手はない。

何かに焦点を絞って空想すると、ミスを最小限に抑え、能力を高め、結果を得るための新しい体験を生み出したり、過去の実り多い体験を再現したりできる。最近の全米オープンで、ある伝説的なテニス選手から聞かされたのだが、彼女の成功の大部分はメンタルプラクティス（精神的な訓練）の賜物だという。体よりも心の動きに重点を置いたらしい。「私にとってそれは想像や空想に他なりません。四六時中やっていました。精神的なリハーサルは嫌というほどやりました」。目的を持った空想には、気持ちを落ち着かせ、前向きな計画をつくり、望む結果を引き寄せる効果がある。しかし、そういう認識はまだ十分得られていない。

メンタルプラクティスは視覚イメージだけでなく五感すべてに関係する。海辺にいるところを想像したら、白い砂やヤシの木が目に浮かぶかもしれない。場合によっては丸っこい石や原生林が見えることもあるだろう。海水や日焼け止めクリーム、すがすがしい空気の香りがするかもしれない。聞こえる音はさざ波だろうか、それとも高波だろうか。砂に埋もれる足、肌を打つ雨を感じるかもしれない。五感のうちのどれをいくつ選んで組み合わせても構わない。視覚イメージに加えて、音楽家なら聴覚にうるさいかもしれないし、料理人は味覚にこだわるかもしれない。運動選手は触覚によるイメージを大事にするかもしれない。このバーチャル空間では行動と結果を自由にコントロールできる。

新しいスキルを身につけようとするとき、空想は大きな効果を発揮する。すでに獲得しているスキルを維持するのにも効果的だ。人は空想をきっかけに行動に踏み出すことができる。ストレスを抑えて気分を一新し、これまでの成果を思い出し、人々と親しく交わり、難しい会話に備え、次の攻撃を計画することができる。けがからの回復を早めることさえできる（この分野の研究はすでに確立済みだ）。

様々なプロスポーツチームの幹部やオーナーの説明によると、ビジネスにおけるメンタルプラクティスはチェスに近い。契約交渉に際してはあらゆる可能性を考える。起こり得るシナリオを一つひとつ想定し、次の一手を考える。相手の出方を予想し、さらに三手先まで考える。それぞれの選択肢を最後まで考え抜く。すべての局面で満足のゆくまで勝てるとは限らないが、常に解決策は用意しているので、相手の戦術に不意を突かれることはない。メンタルプラクティスの用途は実に幅広い。

分野を問わず、メンタルプラクティスはパフォーマンスの強化につながることが繰り返し示されている。私は仕事を始めて間もない頃、病院の精神科で研究者として働いていた。パフォーマンス心理学者として人々の相談に乗っている今も、医学研究には関わりがある。直近では、メンタルプラクティスが外科医のストレスや手術の腕前、パフォーマンス全般に与える影響を調べたことがある。トロント大学と共同で行った初期の研究では、（技術的な指導に加えて）メンタルプラクティスのトレーニングを受けた研修医は、技術的な指導しか受けなかった研修医に比べて、危機的な状況に直面した場合でもパフォーマンスが優れていた。私たちはこの結果に沸き立ち、現在も関連の研究を続けている。ひょっとしたらメンタルプラクティスは外科医のトレーニング方法を、ひいては患者の治療と安全を、コストをさほどかけずに大きく改善できるかもしれないからだ。

メンタルプラクティスはどのようにしてパフォーマンスを向上させるのか？　我々の思考は体と心に間違いなく影響を及ぼす。真っ黄色のみずみずしいレモンがあるとしよう。それをいくつかに切るところを想像してほしい。そのうちの一切れを手に取り、匂いをかぐ。今度はかじる。酸っぱさに唇をすぼめなかっただろうか？　唾が出なかっただろうか？　そうした生理的反応は、心と体がつながっていることを教えてくれる。

会議中に予想外の指名を受け、なじみのないテーマについて意見を求められたとしたらどうか？　人によってはただちに血圧と心拍数が上がったり、ストレスホルモンが分泌されたりするだろう。単なる想像でも実際の体験でも、脳の同じ部位が活性化されているのだ。

「前逆宙返り4回」（とても難しい！）のメンタルリハーサルをしている高飛び込みの選手は、神経学的には実際に飛び込んでいるときと同じ筋肉を燃やしている（ただしその強度は低い）。想像上のアクションを体が現実のように認識するのである。メンタルイメージをうまくコントロールできればできるほど、パフォーマンスもうまくいく。

ほんの少しでも良い結果を出したいのなら、まずはイメージすることだ。

想像したくてもできないとしたら？　エマーソンは美容サロンを始めようとしていたが、いろいろなことがうまくいきそうにないと思い込み、精神的に参っていた。「どんな空間にしたいか、どんな顧客体験を提供したいか、それを決めるのにイメージが役に立つのは知っていますが、私の場合、ちっともイメージできないんです。頭の中に何もはっきり思い浮かばないんです」

こういう人は多い。そこで、きっかけになりそうな質問をした。「寝室の壁は何色？　ベッドは部屋のどこにあるの？　他に家具はある？　壁には何か掛かってる？」。彼女はすらすらと答えた。「じゃあ今度は寝室の外に立って、ドアノブに手をかけてみて。ドアを押して中に入ったら、ベッドに腰かけましょう」。彼女は言われた通りにした。ちゃんと想像力を使うことができた。時間をとって、具体的でなじみのあるものから始めればよかったのだ。

次に、丸々1分かけてゆっくりと楽に呼吸してもらった（本当にリラックスしていたら、呼吸の数は6回程度）。そして、腰かけている柔らかな椅子にもっと深く沈み込むように伝えた。「さて今度は、あなたのサロンについて教えてくれる？　どんな素晴らしいデザインを考えているのかしら？」。これにもしっかり答えてくれた。しかも実に細かいところまで。方向を少し示すだけで、彼女はやってのけた。まったく経験したことがないシナリオを一からイメージするなんて無理だと多くの人が言うけれど、たいていの場合、それは緊張が邪魔をしているにすぎない。ぼんやりとしたまとまりのないイメージが一瞬浮かんだとしても、多くの人はそれを忘れてしまい、自分には想像できないと考える。気持ちをゆっくりと落ち着かせるだけでも効果がある。時間をとり、それから創造しよう。

毎朝1時間の瞑想を心地良く感じる人もいるけれど（それはそれで続けてほしい！）、ことパフォーマンスに関しては、特定の行動をイメージした、短時間のメンタルプラクティスを頻繁に行うのがおすすめである。何を空想すべきかをわかりやすくするため、私はそれを5種類に分類している。「チル」「スキル」「ハイライト」「ファイトバック」「ステップ・イット・アップ」の5つである。

チル

これはどんな状況でも冷静になる、または落ち着きを保つためのイメージトレーニングである［チル（chill）は「リラックスする」と同意］。お気に入りのビーチ、犬といっしょにいる部屋など、頭の中でどんな場所へも行くことができる。森林浴をしてもいいし、牧草地を散歩してもいい。山頂からの景色を楽しんでもいい。ゆったりとくつろげる場所へ出かけよう。これによって呼吸がゆっくりと深くなり、リラックスできる。気分が良くなるという理由だけで積極的にやっても構わない。しかし気分が良くなるだけでなく、緊張が和らぎ、冷静になれる。血圧測定の前にやってもいいし、気が進まない会話の前後にやってもいい。テストの前、ゴルフのショットの合間などもおすすめである。

スキル

新しいテクニックや戦法を試したり、すでにできるようになったタスクの予行演習をしたりするためのイメージトレーニングである。パフォーマンスや会話の計画を立てたり、会場や手順を把握したりするのに利用することもできる。あるＮＢＡ選手はシーズン最初の週からシュートがうまく決まらず気落ちしていた。簡単なレイアップシュートもできない有様で、すぐにでも問題を解決したかった。話し合いの結果、ディフェンダーが突っ込んでくるのに気をとられ、シュートを最後まで打ち切れていないことがわかった。修正法は簡単だ。彼は空想によるメンタルプラクティスを通じて、力強くジャンプし、ゴールリングに手を伸ばしてシュートを決めるシーンを何度も思い描いた。空想を用いて正しいシュート方法をあらためて身につけたのだ。彼はこのメンタルプラクティスを試合前のウォーミングアップに取り入れ、試合中のベンチでも実践した。結果はすぐに出た。

ハイライト

これまでに成し遂げたお気に入りの成果や業績を思い返す。その意味では事実リストにも近いが、このイメージ法ではもっと細部に注意を向ける。スムーズなチップショット、自己最高タイム、人々から受けた賛辞、持ち前の思いやり……そうしたものを思い浮かべることで、能力を最大限発揮しやすくなり、不安の影響を受けにくくなる。成功体験を思い出し、それを頭の中で何度も再現しよう。あるクライアントは直前のオリンピックに出たときのビデオを見返し、「こんなにできていたなんて信じられない」と言った。自身のパフォーマンスに本当に驚いていた。自分の実力を忘れていたのだ。彼はその場でメンタルプラクティスの導入を決めた。

ファイトバック

この手法は見逃されがちだが、例えばミスをしてもすぐに立ち直ることができれば、次回へ向けての大きな武器になる。難題に立ち向かい、弱点に向き合う助けにもなれば、苦手を克服するための練習にもなる。体力が限界に近づいても対戦相手になんとか粘り勝つところを想像しよう。敵に奪われたボールやパックを取り返す自分をイメージしよう。ある乗馬選手はこの方法を使ってカムバックを果たした。彼はひょんなことから馬に顔を蹴られてしまい、顎の骨を折り、歯を何本か失うという重傷を負った。その後また乗ろうとしたものの、最初の何回かはためらいがあった。馬にも落ち着きがないように感じられた。そこで彼は、この大きくて美しい馬を操って前進させるところをイメージするようにした。姿勢よく座り、胸を開き、鞍の中央に腰かけ、足で合図を送り、馬が意図を持って走るように仕向ける。彼の復活は早かった。

ステップ・イット・アップ

これは文字通り今よりステップアップするためのイメージ術である。もっと勇気を出す、戦術を変える、現状より大きな目標をあえて掲げる、新しい結果を生み出す……。思いきって大胆に攻めよう！　新たな現実を恐れず直視しよう。本章の冒頭に登場した伝説的なテニス選手は「不可能なショット」を心の中で追い求めていたという。現実を超えた幻想ではなく、自らのプレーを革新し、限界を押し広げようとしたのである。

空想はいつ行えばよいか？ 簡単である。シャワー中の5秒間に、お気に入りの「パワードレス」をまとって重要なミーティングに向かう自分を想像する。トーストが焼けるのを待つ間に、ボールを高くトスし、脚を使って強いサーブを打つ様子を想像する。グリーン上でパットを打つ前に、カップまでのラインをイメージする。新曲のオーディションの準備中に、指が鍵盤の中央をタッチするイメージを頭に焼きつける。緊張する電話をかける前に、10秒から15秒時間をとり、ゆったりと落ち着いた自分の声を思い浮かべる。5分間ほど楽に腰かけ（横になってもいい）、スピーチの大事なポイントを抑揚をつけて上手に強調しているところを想像する。

あるインディカードライバーは「エンジンを始動しなさい」の号令を待つ間、短い空想をした。冷静さを保ち、合図とともにクリーンなスタートを切る（レースカー同士の間隔が5センチほどしかないと容易ではない）イメージ。あるいは、危険なコーナーで巧みに車を操っているイメージ。

これこそが優れた空想法の見せどころである。形式張ったものではないので、時と場所を選ばず、あまり深く考えずにすることができる。中身はあらかじめ計画してもいいし、しなくてもいい。すぐに終わるので、一日に何度でもできる。デメリットはなく、メリットしかない。そして非常に簡単である。目を閉じてもいいし、少し開けていてもいい。自分がビデオに映っているかのようにイメージするといい。様々な視点や角度から自分を見てみよう。第三者的な視点ではなく、自分本人の視点でリアルに世界を眺めることもできる。これだと実際の体の動きを把握しやすい。テニスのフォアハンドショットであれば、目の前に手とラケットがあり、ボールを打つときのラケットの加速を感じることができる。どちらの視点を使っても構わない。両方を使ってもいい。リアルタイム、スローモーション、早送りも可能だ。何かを見ることが大切である。はっきりしたイメージを思い描けるよう練習し、視界に映る動きをコントロールできるようになろう。

思い通りの明確なイメージが得られないときは、呼吸法や「チル」の空想で気持ちを落ち着けてから、もう一度トライしよう。欲張らずに小さく始めて、徐々に動きを加えるといい。

所要時間はせいぜい秒単位だ。一回当たり5秒から1分が適当だろう。頻度はどうか？　一回30秒で一日4回としたら、一日のメンタルプラクティスは2分間。トータルの時間よりも頻度が大切なので、一週間に数日は練習することを目標にするのがいいだろう。

望むならもっと増やしてもいいが、その必要はないと思う。とはいえ、イベント直前の数週間、数日間はもっと増やすこともできる。精神面・技術面の準備がいっそう充実するからだ。

取り組むタスクの重要性やそのタスクに対する習熟度に応じて、メンタルプラクティスのレベルを調整しよう。パフォーマンスの最初から最後までの全部を対象にすることもできれば、一部だけに焦点を当てることもできる。ストレスが多い予想外の展開にも備えてイメージするようにしよう。例えば、1人しかいないと思っていたインタビュアーが、現場に行ってみたら広い会議用テーブルの周りに11人もいたら困るだろう（これは私の経験である。いきなり虚を突かれてしまった）。同じように、批判的なコメント、スライドショーの技術トラブルなど、思わぬ事態に慌てないよう準備する必要がある。

短時間の空想を習慣にすると、パフォーマンスの準備やパフォーマンスそのものを容易に楽しく強化できる。自主的に続けることができ、しかも創造的な行為なので、ぜひ活用してほしい。

メンタルプラクティスはもっとフォーマルなやり方で導入することもできる。先ほどメンタルプラクティスの研究で紹介した外科研修医たちには、これから行う予定の手術の各ステップについて詳述したメンタルプラクティス・スクリプト（台本）を提供した。スクリプトのナレーションでは、各ステップで感じ、見るべき重要な手がかりを強調した。外科医たちはこのスクリプトをもとにリハーサルを重ね、併せて日中の都合がいい時間に各自でメンタルプラクティスまたは空想を行った。

スクリプトや音声、動画（またはその組み合わせ）による支援を受けると、リラックスして学ぶことができ、心と体の連動も促される。あるクライアントは〈ユーチューブ〉で翌日の手術の予習をしていたし、別のクライアントは車載カメラの映像を見て、翌週のレースコースの様子を確かめていた。

インターネットでは各種のガイド付きスクリプトに簡単にアクセスできる。リラクセーションに特化したものもあれば、膝関節再建術を受けた人に向けたものもある。自分をもっと思いやるためのスクリプトというのもある。時間も2、3分だったり1時間だったり、様々だ。人に依存せず自分なりのスクリプトを作成することもできる。

そのタスクにまだなじみがないとか、うまくリラックスできないという場合は、ガイド付きのプラクティスをまず試してみるといい。ナレーションに導かれて美しい場所に出かけるというのも、ストレスを減らすには絶好の手段である。しかし横になって再生ボタンを押す時間が毎度あるとは限らないから、なるべく自力で、頻繁に、意図を持って練習しよう。ステージに上がる前、カクテルレセプションに参加する前、アイスホッケーのシフトの合間に想像力を素早く働かせる準備をしておこう。

5つのイメージ法のうち、自分に最も合っているもの、または自分が最も楽しめるものを活用しよう。メンタルプラクティスは比較的簡単で、すぐに効果が出るので、その場やその時の気分に合わせてやってみるといい。誰もがすでに多かれ少なかれ空想はしているものなので、意識してレパートリーを増やし、以前は考えなかったようなシナリオや結果も加えよう。5つすべてを使ってもいいし、1つだけでもいい。好きなものを組み合わせてもいい。いずれにせよ目的意識を持った空想を少しは取り入れてほしい。最低でも「チル」はいろいろなところでトライしよう。

練習中にイメージに集中できなくても、それはそれで大したことではない。気を楽にしてもう一度集中し直そう。5人のパフォーマーたちも自分にふさわしいイメージトレーニングを選び、必要に応じて修正を加える心づもりだった。

ライリーの場合

プロスポーツ選手であるライリーはビデオを見ることに慣れていた（ひとりで見ることもあれば、コーチといっしょに見ることもあった）ので、目的を持った空想を違和感なく受け入れることができた。

チル

素晴らしいガールフレンドのことを考えた。彼女と愛犬といっしょに過ごしているところをよく想像した。

スキル

チームのキャンプにスムーズに入っていけるよう、チームメートやコーチの前で氷上に踏み出したときに感じるであろう緊張感に自分を慣らすようにした。ユニフォームを着て手にスティックを持ち、ウォーミングアップしているところや、他の選手たちと力強く快調に滑っているところをイメージした。その他、練習試合でゴールネットの上隅にシュートを決めるシーンや、ゴールネットを通り過ぎずにネット前でしっかり止まるところを空想した。

ハイライト

自分の好プレーを集めたビデオをチェックし、日中何度も頭の中でそれを再生した。

ファイトバック

空想の中でミスをしたときも空想をやめず、もう一度空想し直した。そしてたとえ非現実的であってもミスを挽回するところをイメージした。時にはミスを修正しやすいようにイメージ再生のスピードを緩め、それからまた通常スピードで空想を続けた。

キャメロンの場合

頭に浮かぶのはたいてい良くないことばかりだったから、キャメロンはメンタルプラクティスについて考えたこともなかった。不安をコントロールしやすそうなので、スクリプトがあったほうが自分に合っていると思った。

チル

快適な椅子に体を丸めるように座り、おもしろい小説を読んでいるところを空想すると、穏やかで前向きな気持ちになれた。

スキル

背筋を伸ばして立ち、落ち着いた笑顔で気楽におしゃべりしているのを想像するのが好きだった。

ハイライト

上手に振る舞えた（自己採点で10点中7点）同窓会のことを思い出し、出席者たちの温かい反応にズームインした。

ステップ・イット・アップ

見知らぬ人との交流を避けたがる性癖を変えるため、パーティーなどで知らない人たちに近づき、魅力的な笑顔で、気軽に、ウィットに富んだ会話を楽しむ様子を想像することで、自身の振る舞いを改め続けた。ウィットを実現できたかどうかは心もとなかったけれど、魅力と気軽さに関しては確実に前進していた。

タイの場合

元来がおっとりした性格ながら、何ごとにも意欲的なタイは空想法にハマった。

チル
場所や獲物を問わずとにかく釣りが好きだった彼は、気持ちを休めるため、家の近くで日がなのんびり釣りをしているところを空想した。

スキル
リラックスした態度で重要なミーティング（またはメディアインタビュー）に向かう自分を想像した。良いタイミングで上手に会話に加わるところをイメージできるよう練習した。

ファイトバック
コーチからの最悪の反応（大声で否定される）と、自分がそれにどう対応するかを想像した。「ステップ・イット・アップ」の空想を行い、この実際にありそうな事態に備えるところをイメージした。
ステップ・イット・アップ
いくつかの具体的なプレーについて自分なりの提案をしているところを想像した。否定されかけても最後まで意見を述べて抵抗を示した。ただし激高することなく、落ち着いた態度を保って。想像の中の彼はみんなの意見を求め、協力的な空気をつくろうとした。

アレックスの場合

優秀なテニスプレーヤーとして活躍するアレックスには、空想すべきポジティブな要素がたくさんあったが、試合の中で改善したい点もあった。彼女は5つの手法をすべて利用した。

チル

この空想法を使うかと尋ねると、彼女は「いいえ。やったほうがいいんでしょうが、何も思い浮かばないんです。でも『大きく息を吐く』はやりたいです」と言った。それは良い選択だと私は思った。それでアレックスは自分が大きく息を吐くところを思い描くようになり、それが彼女の「チル」となった。

スキル

自身のショットや戦術について空想し、試合のコート上にいる自分を思い描いた。自分の弱点だと思う部分に特に注意を払った。例えばバックハンド、オーバーヘッドボレー、それからネットにつくこと（彼女はもっと積極的にネットにつく必要があった）。自分自身の視点で見ることもあれば、上から鳥瞰《ちょうかん》することもあった。対戦相手のリターンに対して見事なカウンターショットを決めるシーンさえ想像した。

ハイライト

自身の巧みなサーブや強烈なフォアハンドを想像して楽しんだ。ラケットの加速を特に意識した。

ファイトバック

アレックスは思うような試合運びができないと、コート上をいらいらと動き回るクセがあった。「何かすぐに効くアドバイスはないの？」というふうに、スタンドにいるコーチをすがるように見る。この主体性のなさによっていつものパフォーマンスが発揮できず、しなくてもいいミスを続けてしまう。この状態から抜け出すため、彼女は背筋をぴんと伸ばし、コートの後ろの壁へ向かってゆっくり歩き（対戦相手のことを忘れるため）、肩と腕をよく振ってから、集中力を保ったままベースラインまで戻り、両脚を使ってサーブする（レシーブの番なら両足を動かし続ける）様子を想像した。現実的なガス抜きの意味も込めて、時にはいら立ちを露わにすることも許したが、それも次のプレーまで限定だった。4回や5回ではなく2回ミスをしたら、自制心を取り戻せと自分に言い聞かせた。

ステップ・イット・アップ

ランキングが上の相手に対して、戦術の精度を保ちながら落ち着いてプレーするところを想像した。

ジェイミーの場合

ジェイミーがそれなりの変化を遂げるためには、プレッシャーがないときに冷静さの訓練をするのが一番の方法だった。

チル

上司との打ち合わせの前に3分から5分、心を和ませた。アプリを使ってマインドフルウォーキング（歩行瞑想）に関するガイド付きメディテーションを聴いたり、雲や水辺、夜空などの心が安らぐイメージを見たりした。おかげで緊張が高まっても落ち着いていられた。ガイド付きの練習によって、彼はこうした感情を自ら再現できるようになった。

スキル

批判されていると感じたとき、静かにゆっくり呼吸し、口を閉じ、相手の話に長く（さらにあともう少し長く）耳を傾け、言われていることを受け入れる様子を空想した。

ファイトバック

行き詰まったときもそれを乗り越える決心をした。自制心のなさ（大声で叫ぶ、泣き言を言う、扇動する、非難する、言い訳をする）と向き合い、黙ってひとことも発しない。短気な振る舞いを抑えられそうにないときは、その場から立ち去るところを想像した。

ステップ・イット・アップ

「スキル」のイメージ法を拡張し、プレッシャーにさらされた状況でも礼儀正しく、リラックスし、信頼でき、思いやりと共感力のある自分自身を想像した。こうした人間になれるよう、自分がこうした人間であることをイメージした。

ジェイミーの「ステップ・イット・アップ」からは、この空想法が重要な理由がわかる。なりたい自分が想像できなければ、言い換えるなら、なりたい自分の姿を自分自身に正直に説明しようとしなければ、それを実現できるはずがないのである。

＊　＊　＊

ここまでが、最初の２つのステップと４つのスキルである。つまり我らが５人のパフォーマーはホットスポットをリストアップし、それに対応するためのスキルやメソッドを知ったことになる。これが重圧の下でパフォーマンスを成功させるためのマスタープランとなる。しかし、あともう1ステップ残っている。プランにさらに磨きをかけ、それを必ず守るようにしなければならない。

第16章 プランに忠実に

これまでの各章ではパフォーマンスに集中するための計画の立て方を見てきた。そこでいよいよ実際にその計画を立てる番だ。併せて、どうやって計画を忠実に実行すればよいかも見ていく。この最終ステップでは、スキルやメソッドを統合して、大事な瞬間に頼りになる簡潔なソリューションを形にする。プランを実行に移すことで、スーパーディレイラーをはじめとするディストラクションにパフォーマンスを阻まれないようにしよう。いかに優れたパフォーマーでもこれが必要である。

ロビンはまるでウィンブルドンが子ども向けの大会であるかのように勝ち進んでいた。準決勝ではひとつのミスもない最高の試合をした。女子プロテニス界の永遠の女王のひとりと目される選手を退け、初めてグランドスラムの決勝戦に駒を進めた。ロビン本人がこの快挙に驚いていた。そして決勝戦の相手には、前に一度勝ったことがあったのだ。彼女は波に乗っていた。「決勝に進めてとてもうれしかった。勝とうとは思っていませんでした。私が犯したミスはプランがなかったことです」。それで彼女は敗北を喫した。

ロビンは自身のパフォーマンス、多額の賞金、歴史に残る思わぬ活躍に満足していた。しかし3、4カ月たつと腹が立ってきた。「勝てたはずなんです。相手を買いかぶりすぎました。大してプレッシャーを感じなかったのに、相手にやさしすぎました。もっとアグレッシブにいけばよかった。戦術も十分に練っていませんでした。もっと戦う準備をしておけばよかった。ネットにもっと出て、バックハンドを狙い、ボールに追いつき、もっと力強くサーブし、気合いを入れ、いろんなことを試せばよかった。せっかくのチャンスだったのに」。今はコーチとなったロビンは「チャンスを逃してはダメ。プランを立て、弱気にならないこと」と選手たちに伝えている。

優れたプランはどのようなものか？　短くて体系立っている。あなたのマスタープラン（第12～15章）にはパフォーマンスのきっかけや手がかりとなるもの（パフォーマンスキューなど）が数多く含まれるだろうが、パフォーマンスのたびにそれらすべてのメソッドが必要かというと、そんなことはない。考えることが多すぎるとかえって集中できない。ポイントは、その瞬間に実行すべきメソッドを絞り込むことだ。何も考えずにできてしまう動作なら問題はない。そうではない動作、簡単にはできないパフォーマンス領域に焦点を当てよう。もっと改善したい、常にできるようにしたい、忘れてはならない――そんなアクションを重視しよう。パフォーマンスプランは3つのセクションで構成される。「ウォーミングアップ」「本番中」「ナンバー1フォーカス」のたった3つである。それぞれのセクションに最も重要なメソッドを盛り込むことになる。

適切なウォーミングアップには何が必要か？　リラックスさせてくれるもの、キューを思い出させてくれるものなら何でもいい。メソッドはどのスキル領域から引き出してもいい。例えば、ストレッチ、呼吸法、短い空想を自分に課す人もいる。3つほど選べば意識を高めるには十分だろう。ただ、ウォーミングアップでは気持ちを落ち着ける時間がある程度とれるので、あと1つか2つ増やすこともできる。

パフォーマンスの本番中は何をしなければならないか？　実行に欠かせないメソッドに絞り込もう。ここでは普通、パフォーマンスキューが最も適している。マスタープランには6つくらい並ぶかもしれないが、最終プランでは1つか2つに絞りたい。また、シフトの合間、ゲームやセットの合間、レースの合間、楽曲の合間、電話の合間、質問の合間、手順の合間など、休みや休憩の間に取り組むメソッドを1つか2つ選んでおこう。そうすれば谷間の時間にも集中力を維持しやすい。

最後に、最もフォーカスすべきものをマスタープランから1つ選び出す。これを実行すればただちに立ち直り、集中力を保つことができるというメソッドだ。身動きがとれないとか見通しが立たないとき、これを行えば必ずリズムを取り戻すことができる。パニックに陥ったとき、急に調子が狂ったときに頼れる手段である。もう諦めるしかない、イジェクトボタンを押すしかないというとき、代わりにこのリセットボタンを押そう。落ち着きと集中力を取り戻すチャンスができるはずだ。予期せぬ僥倖《ぎょうこう》が訪れることもあれば、ミスが起きることもある。そのどちらも注意をそらす可能性がある。だから、そうした緊急時に備えよう。中心になるのは呼吸法（「大きく息を吐く」など）である。いざという時のキューをひとつ決めておくのもいい。例えば、タオルボックスへ向かいながらゆっくり呼吸する、足を動かす、大きな声を出す、ステップを小さくする……。どれかひとつを選ぼう。

あるクライアントのプランはｉＰａｄ上に箇条書きできれいに整理され、レースコースのパートごとにきちんとした見出しがついていた。その発想やデザインは文句のつけようがないのだが、惜しむらくは多すぎた。内容はとても正確で素晴らしいのだけれど、あまりに細かすぎて、物事が（精神的にも肉体的にも）ものすごいスピードで動いているときにそれを思い起こすのは不可能だった。私たちは何を残して何を捨てるべきかを率直に話し合い、最終的に、丸1ページあった記述を3つのセクションにまで削ぎ落とした。必要不可欠なメソッドだけが残った。こうしてポイントを明確に絞ったことで彼のストレスレベルは低減し、レース中も集中力が途切れなかった。そして成績も向上した。プランの内容を盛り込みすぎると本当のパフォーマンスニーズから離れ、それ自体がディレイラーになってしまう。

パフォーマンスごとにプランを準備するのが大切である。少なくとも重要なパフォーマンスについてはそれぞれの計画を立てよう。時間は何分かしかかからず、それでタスクへのアプローチが明確になるのだから。来るべき試合のプランを立て、それを翌週に再利用することもできる。必要に応じて修正を加えてもいい。講演の機会が多い人は、机の引き出しにプランをしまっておき、次の講演が近づいたらいつでも取り出せるようにしたらいいかもしれない。スキー選手は、効果の有無や斜面の地形に応じて、滑降のたびにプランを部分的に調整するかもしれない。プランを変更しない場合も、時間をとって書き直そう。それによってパフォーマンスの意図を新たに認識できる。箇条書きで書き出すと記憶が定着しやすい。

明確な目的もなく、変化をつけるために変更するのは避けたい。プランを変更する際は「何に集中したいか」を軸に据えよう。結果の改善に伴って、やるべきことを修正する。あるいは、前のプランが思ったほど効果をあげなかったときにそれを改善する。いったん決めたら終わりではなく、それはプロセスなのだ。

滑降スキーのビッグイベントを前に、フィンレーと私はメールのやりとりをしていた。マスタープランをつくり終えた彼は自身のスーパーディレイラーをよくわかっていた。つまり、自分の気持ち（自信）が気になり、スキーそのものがお留守になる。結果に注意を向けすぎる。ロッジやスタート地点で話す他の選手のことが気になる。そしてスタートが悪い。最終プランに盛り込むメソッドなどの候補数は20を超えていたが、そろそろレースに向けてプランを仕上げる必要があった。

ロッジで見つかる紙は付箋しかなかったが、「それで十分！」と私は書いた。「付箋1枚にまとめて写真を送ってください」。立派なプランを送ってくれたけれど、2枚にわたっていた。「長すぎます。1枚に収めて。ただし文字を小さくせずに」と返信した。次のバージョンは文字がぎっしりではあったものの、ちゃんと1枚に収まっていた。

その後、週末のレースのたびにフィンレーのプランは短く簡潔になった。彼は2つ目のセクション（レース中）を手直しして、良いスタートを切るために必要なパフォーマンスキューを取り入れた。残りのシーズン中、レースのたびにプランを書き、写真を送ってくれた。必要に応じて私たちは話し合いを持ったが、この習慣を続けたのは基本的に彼のほうである。

フィンレーはプラン作成を続け、結果も良くなっていった。頭がさえ、キューにこだわることでコースに集中できた。メンタルウォーミングアップのおかげで気持ちが落ち着き、スタートから飛び出す準備ができた。集中力を落とさず、ゲートを次々に通過できた。集中力を維持できるゲートが増えていけば、タイムも速くなる。シーズン開幕当初は期待も低かったのに、シーズン終了時には世界選手権出場を決めていた。今や彼はプランニングの名手である。もちろんそれは付箋1枚に収まっている。

プランを文字通り肌身離さず持っていなければならない人もいる。私が仕事をしたNBAチームに、興奮しやすい若い選手がいた。彼は試合中に集中力を維持することがなかなかできなかった。試合を支配するような活躍をする日もあれば、コート上にいるのがわからないほど目立たない日もあった。遠征するチームに私が同行しているとき、彼はこの不安定なパフォーマンスに向き合う決心をし、試合に向けた計画の立て方を知りたいと考えた。

ホテルから試合会場へ向かうバスの中で、私たちはその夜のゲームプランを即席で作成した。彼はそれを書き出し、書いた紙をポケットに入れた。準備完了である。その夜、彼は前半に見事な活躍を遂げたものの、第3ピリオドに入るとミスショットが多くなった。注意散漫になっているのがわかった。途中交代させられた彼は、いらいらした様子でどしんと椅子に腰を下ろした。それから突然、何か捜し物をするように床の上をきょろきょろ見回した。後ろの列に座っている私のほうを振り返って言う。

「ダナ！　プランが見つからない。どこにある？」

私はビジター用のロッカールームへ行き、プランが書かれた紙を捜した。ようやく彼の所持品の中から見つけると、選手たちの後ろの自席へ戻り、それをこっそり本人に手渡した。彼は長い間それを見つめ、姿勢を正し、それから椅子に深く体を沈めて、自分がやるべきことを確認した。いつも気持ちがはやっていた若い選手だが、パフォーマンスのヒントを試合中に素早く思い出しさえすれば、心身をリセットし、最後まで思い通りにプレーできるのだ。気持ちが高ぶったときに備えて、彼はプランを手元に持っていなければならなかった。その後は小さな紙切れを必ず近くに置いておくようになった。

あなたはこう思っているかもしれない。「プランが必要とは思わない。あまり考えすぎたくない。何をすべきかはわかっているので、プランなしでも大丈夫」。どうしてもその方向でいきたいのなら、それで構わない。でも私はクライアントからこのように言われたら、少なくとも一度は反対する。どんなに優れた人、その行動に慣れた人であっても、重要なパフォーマンスに対しては万全の準備を整えるべきである。1分時間をとってよく考え、ナンバー1フォーカス（例えば、肩の力を抜いて短い空想を楽しめと自分に言い聞かせるなど）を決めるだけでも、緊張を和らげ、集中力を保つ効果がある。

プレッシャーを感じるのを避けるためのプラン作成は感心しない。良い結果を出す（悪い結果を回避する）ためには、プレッシャーに正面から向き合わなければならない。そのために明確なプランを立てるのである。ミニプランでも構わない。プロセスを完遂し、行き詰まったときに心の支えとなるものを決めておこう。

プランができたら、次はそれを忠実に守り続けなければならない。パフォーマンスの準備がしっかりできて結果に満足したとする。次のパフォーマンスでは、わざわざ同じメンタルプランニングの手間をかけなくても大丈夫だと思う。しかし同じように満足できる結果が得られず、首をひねる。そんな経験がないだろうか。「この前はうまくいった。コツはつかんだ」とか「とうとうわかった！　もう大丈夫」という声を聞くと、私はうれしくは思うものの、「慌ててはいけない、まだ終わりではない」とやさしく諭す。

何もかもが同じようにまた繰り返すと思ってはならない。事態が順調に進んでいるときは大変結構なことだから、そのままでいい。そして事態が思うようにいかないときやミスをしたときは、プランを捨て去りたくなる衝動に耐えなければならない。プランにこだわり続けてこそ、好スタートを切ることができ、不調時にもリセットできる。

一流のパフォーマーでさえ、プランへのこだわりを強化して結果を改善することができる。NBAのある有能なベテラン選手は、細心の注意を払って試合のプランを立てていたが、シュートを2回続けて外したのをきっかけに最終プランを捨て去ってしまった。彼は最も効果があるはずの計画にこだわらなかった。冷静さを失い、ミスした自分を責めた。それが当然、さらなるミスを誘った。本当はプランを手放さず、リセットし続けるべきだったのに、前のシュートを後悔し、次のシュートを不安がり、マスコミのコメントやスタッツの心配をするばかりだった。

彼と話したとき、私はすぐに軌道修正すべきだと力説した。技術的にも精神的にもそうするのが結果を出す一番の近道だと知っていたからだ。それに、そうしたところでどこにも害は及ばない。プレーの助けになるだけである。試合の中で2、3度うまくいくと、彼はプラン遵守に夢中になり始めた。以前のようにシュートが決まるようになり、満足のいくシーズンを送った。そしてついには、試合全般を通じて安定して自分をコントロールできるという感覚に満足するようになった。

プランが効果を発揮しているかどうかを知るには、結果を追跡することだ。試合やイベントが終わったら、簡単に事後評価しよう。事実や感覚を忘れないよう、同じ日か次の日に実行したい。この自己評価はパフォーマンスの改善に有効なので真剣に取り組もう。

パフォーマンスは10点満点で評価するといい。不必要に辛くなったり甘くなったりしないこと。その時の状況下でどのように行動できたかを自己評価するのが目的であり、結果だけを判断材料にしてはならない。行動をコントロールする努力はできても、結果を常にコントロールできるとは限らない。

訪問販売で自社の製品・サービスをうまく紹介できたとしても、相手の見込み客はその予算がないかもしれない。落ち着いてうまくラウンドを回れたとしても、その日は他のメンバーがもっと良い成績だったので、大学チームのその週の遠征メンバーに選ばれない可能性もある。どちらの場合も望む結果は得られなかったけれど、パフォーマンスは悪くなかった。そういうことが往々にして起きるのが人生だ。

反対に、体調管理ができていないとか、氷上でやるべきプレーを怠っているという理由で別のＮＨＬチームにまたトレードに出されたが、結果的にそのチームがスタンレーカップで勝ってしまう可能性もある。重要な採用面接でヘマをしたのに、他の人たちが辞退したおかげで採用されることもある。向上を目指すなら、結果よりもパフォーマンスを評価しよう。

10点満点で正直に採点したら、次の3つを自問しよう。何がうまくできたか？　何がうまくできなかったか？　次回に向けた修正点は何か？　ポイントを整理したほうがパフォーマンスを分析しやすいのであれば、まず緊張の度合いを確認しよう。冷静で落ち着いていたか、それとも緊張して硬くなっていたか。それからメンタルウォーミングアップはどうか。ウォーミングアップをしたか、したとしたら十分だったか。パフォーマンスキューは効果的だったか、それとも適切なものではなかったか。スマートトークは建設的だったか、事実リストを活用したか。空想はうまくいったか（生き生きと思い描けたか、それともぼんやりとしかイメージできなかったか）。パフォーマンスの間、どれくらい集中できたか。ホットスポットやスーパーディレイラーに気をとられなかったか。困難な状況に直面したとき、プランにこだわり続け、集中し直すことができたか。これらにきちんと答えられれば、問題の核心に迫れるはずだ。

ＮＦＬの試合を脇から見ているのは実におもしろい。激しい動き、ものすごい音、感情むき出しのプレーに魅了される。後でわかったのだけれど、とんでもない大男がラインを越えて突っ込んでくることがあるので、用心していないと相当大変な目に遭う。しかし、そこは仕事を少々するのに格好の場所でもある。

試合後、私はある選手とロッカールームへ戻る間に簡単な打ち合わせをしていた。彼の自己評価は10点満点の8点だった。それまでの週に比べてプレーの質が良くなったことに満足していた。素早く守備のスタートが切れたし、姿勢を低くして敵に強くタックルできた。優先すべきパフォーマンスキューに従った結果である。

次にうまくいかなかった点を尋ねると、彼はすぐには答えられなかった。これはよくあることなので、いつものように続きの質問をした。「もっとうまくできたのにという点はない？　プレーが少しでもしっくりこなかったのはどのあたり？　プレーがうまくいかなかったとき、いつもよりたくさんやっていたことは何？　逆にあまりやっていなかったことは？」。少し間を置いてから彼は言った。「もっとうまくやり切れたプレーはある。いつもなら、相手選手に当たりにいかないときは、そいつを素早くかわすんだ。それが俺のスタイルだからね。今日はそれをあまりやらなかった。もっとインパクトのあるプレーをするには、相手を動けなくするだけじゃなく、機敏にかわして置いていく必要がある。もっとやれるはずだ」。翌週のゲームプランの修正点は、タックルをやり切ること、それからQBをサックすることだった。本当の自己評価、本当の改善とはこういうものである。

プラン作成と評価を通じて「精神的な才能」を高め続けよう。ワールドカップ・スキーシーズンは絶景のリゾートを転戦する、プレッシャーだらけの小旅行みたいなものだ。あるクライアントは準備万端で新しいシーズンを迎え、最初のレースに向けて気持ちを高ぶらせていた。ただし直近数日間のトレーニングは精神的に順調だったわけではない。彼女は集中できていなかった。タイムは速かったが、そのタイムで十分なのだろうかと疑っていた。大きな期待を抱いたかと思うと、いやそこまでは高望みできないと思い直すという具合に、気持ちが揺れていた。レースプランは明確で、スタートからゴールまでそれに忠実でいなければならないことは理解していた。

私はネットでライブ中継を見て、彼女が上々の結果を出したことを喜んだ。レース後の電話で、彼女は結果が良かったことに同意したものの、パフォーマンスの自己評価は10点中6点と低かった（もともと採点が辛い選手ではある）。何かが引っかかっていたらしいが、振り返りの結果、レースプランからそれていたことがわかった。レース前、ウォーミングアップ中の事実リストの確認を忘れ、レース中にパフォーマンスキューを考慮しなかったのだ。肝心のメソッドを見過ごしたことで滑りにキレがなく、スピードが遅くなった。次のレースでは集中力を欠かないようにしなければならない。ウォーミングアップ滑走中とスタートの際、自分に対してキューを声に出して言うことにした。「そうしないと忘れてしまうから」。この修正によって瞬時に滑りに集中し、最初のゲートから3つのキューを意識することができた。

念のために言うと、彼女はすべてのゲートで3つのキューを繰り返したのではなく、猛スピードで滑り降りながらキューを思い出したり、適宜修正を行ったりした。何をしなければならないかを自分に語りかけ続けた。次のレースへ向けては同じプランながら空想の要素を少し増やし、その1週間は、キューを間違いなく意識している自分をイメージするようにした。自己評価は10点中7・5点だった。これに勇気を得た彼女は引き続きプランを立て、それを忠実に守るよう努めるとともに、事後評価を忘れなかった。それが精神的な才能となったのである。

トレーニングでプランを使うこともできる。本番前に練習するように、競争や重圧が少ない環境で、パフォーマンスに対するメンタルアプローチを練習しよう。本番並みのストレスや興奮は再現できないとしても、メンタル面のスキルを改善し、雰囲気をつかむことはできる。トレーニング全体を通して針の穴を通すような集中力を維持する必要はなく、何か特定の訓練や苦手なショットなどにポイントを絞ればいい。例えば、面接でのベストな受け答えや、もっとわかりやすい営業トークの仕方、レポートの難しい担当部分の書き方など。さほど重要ではないと思われるイベントの場合も、あるいはすべてがうまくいきそうに思える場合も、何かひとつこだわるものを決めておこう。そうすれば後々首をかしげずに済む。ウィンブルドンの優勝を逃したロビンも賛成してくれるだろう。

パフォーマンスの評価を文字にすれば、時間経過による変化を追跡しやすい。頭の中だけで評価する場合も、再現したい、または次回試したいキューやメソッドをはっきりさせておこう。

他の人の意見を聞くのもよいが、まずは自分自身による評価が大切である。コーチや上司、親、同僚の評価が自分と大きく違っていたら、パフォーマンスレベルをもっと正しく判断するため、その理由について話し合おう。それがきっかけで何かひらめくかもしれないし、改善すべき点が確認できるかもしれない。しかし勇気を持って自分自身に正直に向き合えば、見直すべきポイントはわかるはずだ。正しい自己評価ができるようになろう。

5人のパフォーマーたちも一連のプロセスを完了した。すでに彼らはスーパーディレイラーを明らかにし、重圧の下で頼るスキルやメソッドのマスタープランを作成している。各人が計画した重点ポイントはそれぞれ異なるが、全員が緊張レベルをモニターし、イベントの前や最中に呼吸法を取り入れることを学んだ。何よりも覚えておいてほしいのは、呼吸法こそマスターすべき重要なスキルだということである。それぞれのプランを具体的に見ていこう。

ライリーのゲームプラン

アイスタイムをもっと増やすには結果を出す必要があった。ライリーは練習でもプランを利用し始めた。練習で目の前のプレーに集中し、力を発揮できるようになれば、試合でもそれを再現できるはずである。彼はそれまで以上に満足し、コーチが安定したプレーぶりに気づいてくれると確信した。

ウォーミングアップ

・スローダウンの呼吸法を行い、緊張レベルをチェックする（目指すのは10のうち5以下)。まだかなり緊張していたら、もう一度繰り返す。リラックスしすぎ、または受け身になりすぎのときは、エアロバイクでさらに10分、入念にウォーミングアップを行う。

・事実リストを確認する。
・パフォーマンスキューを確認し、それを実行しているところをイメージする。
・足を動かし続けていると最高のプレーができる。
・ミスをしてもプランを忠実に守る。

試合中

・足を動かす。
・とどめを刺す(フィジカルコンタクトに行き、体当たりでチェックを完遂する)。
・シフトの合間:呼吸法を行い、用意したメモに目を通し、チームメートに話しかけて集中力を切らさない。

ナンバー1フォーカス

・滑り続ける。足を動かす!

ライリーのプランは、最初から力強くプレーするには精神面の準備がいかに重要かを反映したものになった。ナンバー1フォーカスは試合での調子を決定づける要因だった。シフト中ずっと目的を持って動き続ければ（オープンスペースに行く、ポジションにつく、パックや選手を追いかける）、優れたパフォーマンスが可能になる。

キャメロンのコミュニケーションプラン

キャメロンには教師としての実績があった。彼女は顔見知りでない人々と上手に付き合えるようになって自信を深め、キャリアを強化したかった。

ウォーミングアップ

・ボディーメルトの呼吸法を行う。
・事実リストを確認する。
・両腕を脇につけ、背筋を伸ばして落ち着いて立っているところを想像する。

イベント中
・笑顔で自己紹介し、質問をする。
・もっとたくさんのテーブルへ行き、人脈をつくる。
ナンバー1フォーカス
・相手の話に耳を澄ます。

聞き上手になれば参加意識が高まり、過度にストレスを感じないことをキャメロンは知っていた。冷静になればなるほど、いつ話題を変えればよいかもわかった。

タイの和平プラン

タイの狙いは自分とコーチをタスクに集中させることだった。それができれば無意味な対立を避け、健全な意見交換が可能になるはずだった。

ウォーミングアップ

・緊張レベルを確認し、大きく息を吐く。

・ミーティングでゆったり腰かけ、自分の意見や考えをしっかり説明しているところを想像する。

・コーチが話を聴いてくれれば、チームとしてもっと良いプレーができる。それを実現させる。

ミーティング中

・自分の考えを述べる。

・賛成できないときは一歩も引かずに押し返す。

ナンバー1フォーカス

・冷静でいる!

自分の考えに責任を持つことがタイにはは大切だった。そのためには、納得できるまで冷静な態度で抵抗しなければならなかった。

アレックスのゲームプラン

思い通りのプレーができないときこそ、アレックスはギアを上げる必要があった。セルフサボタージュに逃げ込んで尻込みし続けるのではなく、最後まで落ち着いて自分のプレーをする決意だった。

ウォーミングアップ
・呼吸法で緊張をほぐす。
・ちゃんと食べる！
・もっと空想する！　パフォーマンスキューをイメージする。動きをざっと追うだけでなく、正しいテクニックに注意を払う。
・これからプレーするコート上にいる自分を想像する。
・チームメートやコーチと冗談を言い合って楽しみ、リラックスする。
・スタンドのコーチに助けを求めるのではなく、自分のゲームに集中するよう言い聞かせる。

試合中

・ボールを追いかける！　踏み込んで素早くボールをつかまえる。

・ラケットを加速させて打つ！

・2つミスをしたら：タオルボックスへ行き、姿勢を正し（うなだれない！）、大きく息を吐く。

ナンバー1フォーカス

・足を動かす！

足を動かしてボールに追いつけと自分に言い聞かせ続ければ、後のプレーは自然についてくることをアレックスは知っていた。最初から全力プレーができるよう、ウォーミングアップ中に自分のプレーに集中するための時間をとり、心の準備を整えた。

ジェイミーの対応プラン

ジェイミーはプレッシャーを感じたときの反応を変える準備ができていた。前向きな対応をする余裕をつくるため、彼がしなければならないのは、ただ静かにしていることだった。

ウォーミングアップ

・4―7―8の呼吸法を確実に行う。

・警戒を解き、相手の話をちゃんと聞く。5秒黙っていられたら合格。

・何を言われても気にしない。嫌な奴ではなく、いい奴でいる。

ミーティングや会話中

・呼吸法を行う。

・ひたすら聴く。

・表情を和らげ、姿勢よくリラックスする。

ナンバー1フォーカス

・話すのをやめ、ゆっくり呼吸する。

ほんの短い間、呼吸を意識して緊張を解けば、自分自身を振り返り、話すのをやめることができた。これを実践するたびに良い結果を出すジェイミーは、ほぼコツをつかもうとしていた。

＊　＊　＊

5人のパフォーマーは次なるビッグイベントに備えた最終プランをつくり終えた。もちろん、見事に効果を発揮するものもあれば、修正が必要なものもあるだろう。重要なのは自分自身と向き合い、毎回のパフォーマンスを評価することだ。何がうまくいき、何がうまくいかなかったか、それはなぜかを正直に考えなければならない。期待通りに機能したか否かにかかわらず、プランを堅持し続けよう。優れたプランでも、それにずっと忠実でいなければ結果が出ないこともある。修正はいつでもできる。そして、物事がうまく進んでいるときは、プランを変にいじくってはならない。理由があって効果を出したのだから。

おわりに　頭を働かせよう

重圧を感じるとはどういうことか？　それを本当に知りたければ、弾道ミサイルを搭載した原子力潜水艦に乗ってみるといい。

ある若い海軍兵士はアイビーリーグの大学院に通うのを中断して、他の士官候補生たちといっしょに潜水艦の訓練に参加した。彼はそれがいかに心もとない経験だったかを私に話してくれた。太陽を見ることはほとんどなく（訓練中2回、20分のみ。持参したビタミンDのサプリメントが重宝した）、いかなるニュースに接することもなく、家族や友人と連絡もとれない。愛犬が元気かどうかもわからなかった。

艦内では独りの時間やプライバシーは皆無。気晴らしの方法は極めて限られ、考えすぎる時間がたっぷりあった。訓練がいつ終わるのかもわからなかった。1週間かもしれないし、3週間、またはそれ以上かもしれない。24時間先までの予定しか事前には知らされなかった。

訓練生は基本的にただ観察し、吸収し、いつも忙しくしていればよかったのだが、こうしたまったく経験のない環境に置かれて、彼は何か役に立たなければ、貢献しなければというプレッシャーを感じた。乗組員の邪魔をしたくなかったし、ミスを犯したり、決まった手順を守れなかったりするのも嫌だった。最初のうちはあまりでしゃばらず、無関心だった。最低限のことをすれば、後はじっと見ていてるだけでよかったので、方向を誤るような恐れもそもそもなかった。つまり彼がいなくても潜水艦は問題なく運航できたのだ。

しかし、そこで彼は頭をめぐらせた。「僕はなぜここにいるのか?」。自分のパフォーマンスは自分で決めたかった。この訓練で何かを得たかった。隅っこに隠れていることもできるし、本格的に参加することもできる。難しい任務だったが、せっかくの機会を積極的に活用する決心をした。

この類いまれな経験を最大限活かすには、率先して前に出る必要があった。彼は乗組員を知るため、司令部になるべく顔を出した。上司の許可があれば、ミサイル演習などにも参加した。いろいろ質問をした。ソナー担当者からは音波によるクジラと敵の見分け方を学んだ。潜水艦の操縦練習さえさせてもらった(そうそうできない経験である)。

寝床に戻ると自分のパフォーマンスを振り返った。どれだけ時間がかかっても、艦内での時間を最大限活用するための準備を怠らなかった。一日が終わると、心身は充実しながらもへとへとだった。その結果生じた緊張を和らげるために、ゆっくり呼吸した。楽しい出来事を思い出したり写真を見たりして、不安やいら立ちを紛らわした。ルームメートに話しかけ、ネガティブな発想が膨らまないようにした。「チル」と「スキル」の空想法で翌日に備えたほか、「ステップ・イット・アップ」で、いずれもっと高い地位に就くことをイメージした。完璧と言っていい！

次の訓練は海軍原子力学校（そういうものがある）で原子炉の運用・管理方法を学ぶことだった。いささか気が遠くなるような道のりを経て少しずつ学んでいくのだが、それでも彼は自分の能力を最大限引き出す準備ができていた。なぜならプレッシャーを感じたときに気持ちをコントロールする努力を惜しまなかったからだ。そしてそれが潜水艦の中でできたなら、他のどこででもできるはずだった。

彼が用いたスキルはシンプルかつ効果的だった。あらかじめ準備をしたからこそ、最大の効果を発揮したのである。彼は状況が厳しくなったときに何をすべきかを知っていた。最高の結果を出すための数少ないアクションに集中することができた。こうした極限の環境でも有効なスキルだから、あなたにも必ず効果がある。

彼の復帰を待って私たちは会った。彼は一連の訓練の報告をし、今後もっと向上できるかどうかを知りたいと考えていた。私はといえば、この若者が独力ですでにそれだけの成果をあげたことに感服していた。重圧下でいかに力を発揮するか、その方法をいったん理解し、自ら使いこなせるようになったら、パフォーマンスコーチをそばに置く必要はないだろう。

才能があるから成功するとは限らない。また、パフォーマンスに集中できないのは才能とは無関係である。気持ちが散漫になるから集中できないのだ。ストレスやプレッシャーを感じたとき、身についたスキルや技術、知識が突然なくなるわけではない。才能は簡単には変わらない。人間関係や面接や仕事や競技が思うようにいかないのは、メンタルアプローチが原因である。

誰もがプレッシャーに直面する。そして誰もがパフォーマンスの担い手となる。プレッシャーを感じながらのパフォーマンスは一筋縄ではいかない。心臓疾患の患者の命を救おうとする外科医は、たとえ緊張を強いられる手術であっても、何をすべきかを知っている。トレーニングを受け、経験を積み、手順に精通している。多大なストレスを受けながらも最良の仕事をし、最高の結果を出せるとしたら、それを可能にするのはその医師のメンタルアプローチである。

言うことを聞かない幼稚園児たちを静かにさせようとするとき、期待に満ちた聴衆の前に立つとき、本を書くとき……どんな場合も結果に対するプレッシャーを感じるのは避けられない。優れたパフォーマンスとは、感情をマイナスではなくプラスの方向へ導くことに他ならない。だから気持ちのコントロールをできるようにしなければならない。注意散漫になりそうなときの気持ちの切り替え方を知っておこう。

重要なタスクや課題で結果を出そうとするときに必要なのは、勇気と集中力である。「もっとがんばれ」みたいな古くさい指示にはくみせず、頭を働かせてもっと上手に行動しよう。自分の「高み」を決めて、それを目指そう。自分自身をコーチし、自分自身を頼り、自分自身を動機づけよう。パフォーマンスの最大の秘訣は、自信を過大評価してはならないということだ。優れたパフォーマンスを出す上で最も重要なスキルは、ゆっくり呼吸し、少しでもいいから落ち着くことだ。

もっと集中しよう。パフォーマンスを発揮し、結果を出し、満足感を得ることがメンタルヘルスを育む絶好の手段である。それを望まない人などいるはずがない。

【セルフチェックとプラン作成】

最後に、読者であるあなた自身の生来のパフォーマンススタイルを知り、強化しよう。まず、あなた自身への理解を深めるための質問を用意した。得意な領域、苦手な領域、向き合ったことがないホットスポット……。思い込みを排し、好調時に自分が何をしているか、不調時に何を変えるべきかという事実を把握するのが目的である。時間をとって正直に答えていこう（あなた以外の人に知らせる必要はないのだから）。

これらの事実をもとに、パート2で紹介した3つのステップを使って、あなた自身のパフォーマンスプランをつくる。準備中のパフォーマンスへ向けてホットスポットを特定し、自分に合ったメソッドを選び、いざという時に正しい行動に集中するための最終プランを立案する。

この「セルフチェック」のセクションには必要なだけ何度戻っても構わない。プランを微修正すれば済む場合もあるだろうし、まったく新しいパフォーマンスのために

「カスタムメイド」しなければならない場合もあるだろう。様々なアイデアを試し、自分に最も適したものに焦点を合わせよう。人はそれぞれ違うけれど、このツールはすべての人に効果を発揮する。プランに忠実でありさえすれば！

自身のスタイルを知る

私はクライアントと仕事を始めるとき、彼らがどんな人物かを知るため、ここにあるような質問をすることが多い。自分がどんなパフォーマーであるかを明らかにすることが重要である。そうすればベストパフォーマンスを阻む要因を把握しやすいからだ。

答えが出そろったところでパート1を参照すれば、それが意味するところをもっとよく理解でき、その情報を自分のためにどう利用すればよいかがわかる。間違った答えなどない。正直に答えさえすれば大丈夫だ。

あなたはどのようなパフォーマーだろうか？　以下の質問に対して1～10のスケールで自己評価しよう。決めにくいものもあるかもしれないが、近い数字を選ぼう。例えば、3つ目の我慢強さに関する質問の場合、じっとしていられない傾向が非常に強

プレッシャーに弱い	1 ・・・・・・・・ 10	プレッシャーに強い
綿密に計画を立てる	1 ・・・・・・・・ 10	ぶっつけ本番を好む
我慢できない/じっとしていられない	1 ・・・・・・・・ 10	我慢強い/じっくり構える
衝動的	1 ・・・・・・・・ 10	自制的
いらいらしやすい	1 ・・・・・・・・ 10	冷静でいられる
防御的	1 ・・・・・・・・ 10	批判を受け入れる
緊張	1 ・・・・・・・・ 10	リラックス
受け身	1 ・・・・・・・・ 10	強引
もの静か	1 ・・・・・・・・ 10	おしゃべり
平静	1 ・・・・・・・・ 10	神経質
慎重	1 ・・・・・・・・ 10	リスクをとる
コントロールしたがる	1 ・・・・・・・・ 10	干渉しない
対立を避ける	1 ・・・・・・・・ 10	率直に言う
ためらわずトライする	1 ・・・・・・・・ 10	指示を待つ

い人は2か3を選ぶといい。数字そのものよりも、どちらの傾向が強いかが重要である。これらの質問によって、あなたに最も役立つディファレンスメーカーを絞り込みやすくなる。ノートなどに別途書き取っても構わないが、結果は時間とともに変化する可能性があるので、質問には追って何度も答えると役に立つ。

以上の評価を念頭に、あなた自身や生来のパフォーマンススタイルについて簡単に書き出してみよう（具体例は第1章を参照）。それがパフォーマンスプラン作成時の参考になる。

恐怖心

恐怖心といってもドラマチックなものとは限らないし、パニックを起こすとも限らない。恐怖心を隠すのが上手な人もいれば、恐怖心を抱いていることに気づかない人もいる。恐怖心は様々な形で現れる。自分のパフォーマンスがその影響を受けているかどうかを理解するのが重要である。次のことを自問しよう。

❶不安や緊張のせいで怯え、防御的になっているか？　その状況下では当たり前のストレスが、恐怖心（新しいか古いかは問わない）のせいで増大しているかもしれない。

❷思ったほど良い結果が出なかった言い訳をしているか？　この種のセルフサボタージュはクセになりやすい。言い訳や弁解で失敗の原因をごまかし、全力投球しなくなってしまう。失敗を恐れていると、まさにその失敗を犯すことになりかねない。
❸恐怖心に目を向けないようにしているか？　恐怖心はないと言い張っているか？これをパフォーマンス向上の手法として使っている人がいるかもしれない。考え方はわからないでもないが、やはり自らの恐怖心に向き合う覚悟を決めたほうがいい。恐怖心を受け入れ、それを最小限に抑える計画を立てれば、パフォーマンスは強化される。恐怖心がまったくなくなることもある。
❹完璧になろうとしているか？　これは必ず失敗を招く。完璧などあり得ないからだ。完璧ではなく卓越を目指そう。その過程で恐怖心を感じたとしてもまったく問題ない。仕事でも人間関係でも何かを目指して努力していると、ミスや失敗を恐れることがあるものだ。完璧である必要はまったくない！
❺他の人が怖くてチャレンジできないことを自分は何かしているか？　恐怖心は相対的なものだ。仕事や試合であなたが普通にやっていることに、他の人はひるんでしまうかもしれない。あなたがそれを何とも感じないのは、そのタスクに求められるスキルや経験を備えているからだ。

自信

自信は過大評価されているけれど、かといって注意を払う価値がないわけではない。生まれつき自信をなくしやすい傾向があるとしたら、それに気づく必要がある。自信がなくなっている気がしたら、次のことを自問しよう。

❶自信がないとパフォーマンスが出せないと考えているか？　逆である。行動を起こすから自信が持てる。気持ちの問題ではない。「冷静＋行動＝結果」であり、それが満足（別名「自信」）につながるのである。

❷言い訳をしているか？　自分をごまかすと、自信に関わる感情に向き合わなくて済む。しかし気持ち重視から行動重視への切り替えをしたいなら、現実を直視しなければならない。

❸起きてもいないこと、起きそうもないことを心配しているか？　最悪の事態に備えるのは大切だが、このようにありもしないことをくよくよ考えていたら、最高のパフォーマンスを出せるはずが出せなくなってしまう。

❹現状でよしとできないタイプか？　準備のしすぎも考えものである。プランを不必要にいじくり回すくらいなら、その時間と労力を「どんな行動をすべきか」に向

けたほうがいい。タスクを本気で完了する気がないから、いろいろいじくり回す人もいる。トライできる選択肢が他にもあれば、それを逃げ道に自分の真価を問わなくて済む。

❺重圧を受けたときに「たぶんダメだろう」とか「(勝ちたいけど)その資格はない」と考えがちか？　自信をなくすことは誰でもある。重圧下ではむしろ「私にできないはずがない」くらいの心構えでいよう。そうすればこのような自己防衛をやめて、最も重要なものに集中し直すことができる。

❻自信ありげに(最低でもうなだれていないように)見えるか？　「うまくいくまで、うまくいっている振りをしろ」という格言があるけれど、姿勢や呼吸を正し、表情を変えるだけでも、随分自信を持てるようになる。それに周囲の反応も違ってくる。あなたもあなた以外の人も気持ちが上向き、何よりも、成功へとつながる行動を起こしやすくなる。

自信をなくしそうなときに大事なのは、顔を上げ、気持ちではなく行動に集中し直すことだ。自信が湧くのを待っていてはいけない。こちらからとりにいこう！

モチベーション

自信と同じく、モチベーションも他人にはどうこうできない。自分で獲得するしかない。やる気やモチベーションがあれば結果を出せるわけではない。結果を出すには、モチベーションの有無には関知せず、行動やアクションを重視する必要がある。あなたのモチベーションは「こうしたい」という気持ちだけの問題か、それとも「どうすれば」実現するかにフォーカスできているか？　大事なのは後者にまで考え及ぶことだ。「この声楽コンクールで優勝したい」という意欲にあふれていても、その意欲だけでは当てにならない。勝つためにどうするかに焦点を当てなければならない。「上半身をリラックスさせ、腹式呼吸し、首と体を一直線に保ち、力強い声が出せるようにしよう」

では意欲が出ないときはどうするか？　意欲が出ないのは2つのケースが考えられる。モチベーション（またはその欠如）が、最善を尽くさない言い訳になっている。または、本当にそれをしたくない。モチベーションの欠如の背景にあるものを見極めるため、次のように自問しよう。

❶強い意欲がそのまま結果につながると考えているか？（結果を出さなければという

プレッシャーから）結果が出なかったときにモチベーションを理由にしたがるか？これは「意欲が出ないことを強調しておけば、出来が悪くても誰からも責められない」と言っているようなものだ。いざという時に適切な行動をとれるよう本気で集中しなければならない。やる気が出なくて力を発揮できなかった、みたいな見え透いた言い訳はやめよう。怖がるのは構わない。でも得られるはずの結果を得たいのであれば、モチベーションを持ち出さないことだ。

❷やる気をなくしているか？　それとも失敗して自分や他の人をがっかりさせるのが怖いのか？　どんなパフォーマンスも失敗のリスクはつきものだ。やる気をなくしたわけではなくても、やる気をなくしたと思えば自分を納得させやすい。解決策は、気持ちから行動に重点を移すことである。

❸本当にこれをもっとやりたいか？　やる気が出ないのはなぜか、その真の理由を考えよう。本当に意欲が湧かないのなら、やらなくても構わない。そのほうが健全な選択かもしれない。ただし、やらないという選択の前に本当の理由を理解するようにしよう。

習慣・ルーティン

効果的な習慣やルーティンと、効果のない験担ぎの違いを理解しなければならない。その振る舞いによって力を出せるのか、それともかえって力を出せないのかを知るため、次のように自問しよう。

❶この行動には理由があるか、何かの知識に基づいているか、それとも行き当たりばったりか？　もし後者なら、不安ゆえの行動かもしれない。ならばその不安にうまく対処する方法を探したほうが生産的だ。

❷この振る舞いは何か自分がコントロールできない要因に左右されているか？　パフォーマンスの悪さを自分が制御できないもののせいにするのは簡単であるが、それでパフォーマンスが良くなった人はいない。自分ができることに集中し、それを習慣化しよう。

❸験担ぎをなかなかやめられないか？　もしそうなら、未知なるものに直面したときに不安や緊張を感じる可能性がある。それはそれで構わない。ただ、験担ぎではなく行動に集中したほうが優れたパフォーマンスにつながり、結果に対する責任をあなた自身が負えるようになる。

❹自分がやっているのは良いルーティンなのか、悪い験担ぎなのか？　違いは明確だ。正しい睡眠習慣をつければ、心身を十分休ませてビッグパフォーマンスに臨むことができる。しかし午後10時きっかりに（1分の狂いもなく）電気を消したところで何の意味もない。そんな験担ぎとは縁を切ろう。

コミュニケーション

あなたのコミュニケーションスタイルはどのようなものか？　誰かのパフォーマンス向上を手助けしようとするとき、本当に必要な援助を提供しているだろうか？　面と向かって威勢よく激励するにせよ、真剣にフィードバックするにせよ、注意深くコミュニケーションをとらなければならない。次のことを自問しよう。

❶漠然とした（聞こえのいい）助言をしているか、それとも具体的な方向性を示しているか？　前者は「自分を信じろ！」、後者は「パフォーマンスキューを思い出し、それにこだわれ。効果があるのはわかってるんだから」。それくらいの違いがある。

❷批判されると、つい防御的になるか？　防御的な反応はコミュニケーションにおいてよく見られる現象で、悪感情や不信の原因になる。ゆとりを持って耳を傾け、

わからなければ質問し、話題からそれないようにしよう。オープンで率直な会話が解決への糸口である。若かろうが年配であろうが、道理をわきまえ、思いやりを示す責任がある。

❸会話を止めようとして声を荒げることがあるか？　いらいらしたら人を怒鳴りつけるか？　皮肉を言ったり、黙り込んだりするか？　人とつながりを持ちたかったら（持ちたくない人はいないだろう）、感情の爆発を抑え、声を荒げないことだ。感情のコントロールに気をつけよう。周囲の反応が見違えるほど良くなるはずである。

❹（自分や他人の）ミスを指摘するのは得意なのに、褒めるのは忘れてしまうか？人の良い点は褒めよう。きっと感謝される。自分の良い点も自分で褒めるといい。褒め言葉を落ち着いて受け取れるようになろう。返す言葉は「ありがとう」だけでいい。

親（監督者）として

親にとっての教訓は、メンターからマネジャーまで、あらゆる権威ある立場の人に当てはまる。誰もが親（監督者）として立派に役割を果たしたいと考えるが、そうした善意にもかかわらず、相手を助けるどころか傷つけてしまうことが往々にしてある。

それをどうやって避ければよいか？　以下を自問しよう。

❶どの程度がやりすぎか？　人はどこかの時点で、やるべきことを自力でできるようにならなければならない。相手をうまく導いたら、その人が正しいことをしようとするのを見守ろう。

❷対立を引き起こしているか？　度を超して自分の思うままに相手をコントロールしようとしていないか。それを真剣に考えよう。権威ある立場にいるだけで、自分の力を他人に見せつけたくなるものだ。

❸そっと背中を押しているか、それとも無理強いしているか？　時には相手の背中をやさしく押してやる必要があるが、そうやって自立を促すのと、（こちらの理由だけで）乱暴に何かを押しつけ、やる気や自尊心を失わせるのとでは、大きな違いがある。

❹これは相手のためを思ってのことか、それとも自分では認めたくない独善的な理由があるのか？　自分の夢を相手に託そうとしているか？　この人を成功させたいのは、自分が優越感を覚えられるからか？　自分勝手な動機であっても、人はなかなか気づかない。なぜなら、気づかいが本気なのもまた事実であるからだ。相手が

苦しんでいるときは特に、自分の行為を見つめ直したほうがいい。

危険人物

人を評価するとき、危険人物は決して無視できない。その人もいずれ変わるかもしれないけれど、あなたに人を変える責任はないし、そんな必要もない。長い目で見たら、才能やスキル、経験と同じくらい、いやそれ以上に重要なのは人格である。言い換えれば、重圧下でも自己を律し、思慮をめぐらし、落ち着いていられる能力である。自分以外の誰かについて責任ある決定を下そうとするときは、以下を自問しよう。

❶紹介者への確認をしたか？　悪い評判にもそれなりの理由があったりするので、確認を怠らないようにしよう。
❷素行の悪さが繰り返されているか？　素行不良の経歴があるか？　一度だけの誤りなら言い訳も立つが、繰り返される悪行がいつの間にかなくなることはない。
❸組織が抱える危険人物に対して何ができるか？　問題児を避けようがないのであれば「緩和策」が重要になる。どうやって期待内容を説明し、責任を負わせればよいかを考え、計画を立てよう。改善が見られない場合は、やめてもらうことも考え

ざるを得ない。

あなたのパフォーマンスプラン

まず、計画を立てようとする具体的なパフォーマンスについて考える。どんな時に思考を切り替えなければならないかを知っておこう。私たちの心はともすればさまよいがちである。それに気づかないことも多い。大事な瞬間にあなたに忍び寄るホットスポットやスーパーディレイラーを知ることで、注意がそれないようにしよう。ホットスポットがわかれば、その対策も打てる。

クライアントの参考になるように、私はディストラクションのチェックリストをよく提供する。これは「悩んでいるのはあなただけじゃない」と伝える効果もある。ここにはよくあるディストラクションが並んでいるのだが、そこ止まりにせず、あなた自身のパフォーマンスを阻む要因も加えよう。

ステップ1

ホットスポットやスーパーディレイラーの特定

よく見られるホットスポットは次の通りである。

・結果を気にする
・自分を疑う
・恐怖心（失敗することや恥をかくことを恐れる）
・ミスにくよくよこだわる
・自己批判
・焦る
・緊張、いらいら
・マイナス思考
・自信がない
・フラストレーション、怒り
・他人の考えが気になる

・考えすぎる
・尻込みする
・言い訳に走る
・期待（自分自身および他者の期待）を重荷に感じる
・準備不足
・自己憐憫
・調子がいいと気づいたとき
・親の反応
・防御的、回避的

必要に応じて項目を付け足し、あなた自身のスーパーディレイラー（上位3つ）を選び出そう。そしてパフォーマンスを最も損なう、それら3つに備えた計画を立てよう。必要なプランはひとつだけだ。それをよく練り上げ、適宜修正を加えればいい。

ステップ2

（スキル1）大きく息を吐く

呼吸法は最も強力かつ効果的なパフォーマンススキルである。また、最もシンプルである。大きく息を吐けば、ものの数秒で心身の緊張がほぐれる。本番前の数日間、数時間、数分間で練習できる。パフォーマンスの最中に効果的な呼吸法を取り入れて、体の動きや声、神経をコントロールすることもできる。本番後に呼吸を整えれば、心身の回復が図れる。

様々な呼吸法やガイド付き練習法がネットで紹介されている。関連のアプリや書籍もたくさんある。いくつか試して、自分に合ったものを利用すればいい。息を完全に吐ききって呼吸を深めるのを忘れないように。より多くの空気を吐き、ひとりでに息が吸えるようにしよう。ゆったりと楽な姿勢になり、肩を下げて耳から離すようにしよう。

私のお気に入りは、4－2－4のパターンを使ってゆっくりスムーズに呼吸することである。まず息を完全に吐き、肺から空気を出し切る。次に4秒間、鼻からゆっくり息を吸い、2秒間息を止め、4秒間、鼻から息を吐く。これを5回から6回繰り返す。もっと多くても構わない。パフォーマンスの準備に最適だし、可能ならパフォーマンスの途中にやってもいい（丸一日の会議の休憩時間、リサイタルの曲間など）。

ステップ2
（スキル2）パフォーマンスキュー

パフォーマンスキューは気持ちから行動への切り替えのきっかけになる。これはタスクによって、人によって異なる。スカッシュ選手は「両肩を下げろ」と自分に言い聞かせるかもしれない。長い試合の間に緊張が高まり、それがショットに影響するからだ。その問題を回避するには、このキューが何よりも効果を発揮するのだ。

あなた自身のキューを見つけるには、良いパフォーマンスを出せたときのことを振り返るといい。何をしたからうまくいったのかを思い出そう（動きや行動、技術的要素）。どんな行動や振る舞いが成功に結びつくのかを掘り下げて考えよう。それが好パフォーマンスの再現を約束する、最も重要なキューである。

技量の向上に伴ってパフォーマンスの他の部分を改善したくなったら、それをターゲットにパフォーマンスキューを修正しよう。問題をひとつ改善してから、次の課題へ進もう。次のパフォーマンスではどんなキューが助けになるだろう？

ステップ2

（スキル3）セルフトーク

セルフトークというと、「おまえこそナンバー1だ」とか「きっとすべてうまくいく」みたいな陳腐なせりふを考えがちである。それも本当なのかもしれないけれど、いったい何の役に立つというのか？　優れたセルフトークはこういう一般論ではなく、タスクに固有のものである。

事実からスタートしよう。あなたの「事実リスト」を作成するのが特におすすめである。自身の業績を振り返るのは単なるプラス思考ではなく、役に立つ真実を思い出すことである。事実リストには、結果、統計データ、良いパフォーマンス、受賞歴、他者からの称賛、成績の向上など、どんな真実を盛り込んでもいい。

セルフトークがぱっとしない人、やけにネガティブで褒め言葉を受け付けようとしない人の場合、事実の洗い出しは難しい。しかし、ほんの少し促せば、たいていは良い事実を思い出せるようになる。今すぐリストを作成し、繰り返し眺めるようにしよう！

セルフトークを構成するもうひとつの要素はスマートトークである。これはパフォーマンスキューを思い出すきっかけとなり、良くない思考を追い出す効果がある。ポジティブである必要はないが、明確でなければならない。「私ならできる」でも良いけれど、「今落ち着かないと負けてしまう。息を止めずに、しっかり呼吸しよう」というのも効果的だ。パフォーマンスの間中、自分に話しかけよう。何をいつすべきか、何に備えるべきかを自分に言い聞かせよう。

ステップ2
（スキル4）空想

空に浮かんだふわふわの雲を見つめるわけではない（それはそれで楽しそうだけれど）。ここで言う空想とは、才能を磨くために欠かせないスキルである。一種のメンタルプラクティスと思ってほしい。なるべく短時間で、頻繁に、具体的な行動をイメージするのが望ましい。私はよくこれを5つに分類する。次なるイベントが近づくたびに、パフォーマンス固有のイメージを書きとめるようにしよう。

チル　冷静になる練習（静かな部屋、海辺など、自分がリラックスできる場所を想像する）。

スキル　新しい技法や要素を試す、タスクのリハーサルをする（トップコーナーへの素晴らしいシュートをイメージする、新しい会場を歩き回って環境になじむ）。

ハイライト　過去の業績を思い返す（素晴らしいシュート、見事なスピーチ、説得力あるプレゼンテーションを思い出す）。

ファイトバック　問題に対処する（ミスから立ち直る、難問に答える）。

ステップ・イット・アップ　大胆になる、思いきりやる（ブザービーターシュートで試合に勝つ、大きく昇進する）。

全部を使う必要はないが、いろいろな空想法を試してお気に入りを見つけよう。好きなだけやっても害はない。自分のつくり出した世界を楽しもう。

ステップ3

最終プラン

いよいよ、事実リストをもとに、いざという瞬間に頼りになる最終プランをつくる。プランは短く、体系立っていなければならない。前述のステップで触れたポイントはどれも重要だが、最も効果があると思うものに絞り込む必要がある。最終プランは3つのセクションから成る。

ウォーミングアップ
・呼吸法、その他緊張を和らげるメソッド（空想など）。
・事実リストにざっと目を通す。
・キューを確認し、それを行っているところを想像する。
・スマートトーク。

パフォーマンス中
・重要なパフォーマンスキュー（2つか3つ）。
・パフォーマンス中に休憩できる場合は、その間にプランの項目を再確認して、緊張を和らげ、集中力を高める。

ナンバー1フォーカス
・これさえやれば最高の力を出せることがわかっている。

最終プランは紙1枚にまとめられるボリュームでなければならない。鞄に忍ばせるにせよ、スマホに保存するにせよ、頭で記憶するにせよ、繰り返し何度も参照しよう。

パフォーマンスの後は10段階で自己採点をしよう。出来はどうだったか？ 必要に応じ、次回へ向けてプランを修正しよう。やり方がわからなければ、次の3つを自問するといい。

❶何がうまくできたか？
❷何があまりうまくいかなかったか？
❸次回への修正点は？

最重要ポイント

以下のいずれか（または全部）を行えば、大事な瞬間に能力を100％発揮しやすくなる。

・息を止めずに呼吸し続ける！ 冷静になり、冷静さを保つ。
・完璧ではなく卓越（そこそこでも良い）を目指す。
・重要なのはどう感じるかではなく、何をするか！

・事実を大切に。自身の実績を思い出す。
・自分に語りかけ続ける。
・空想し続ける。想像し、練習し、思いきっていく！
・集中力が薄れたら切り替える！
・パフォーマンスを自己評価する。うまくいった点、いかなかった点を振り返り、修正を図る。
・出たとこ勝負をせず、次のパフォーマンスに備える。最終プランを用意し、最後までこだわる。
・冷静＋行動＝結果！

謝辞

サイモン&シュスター・カナダの社長、ケビン・ハンソンは私に「何か書かないか」と声をかけ、執筆のチャンスをくれた。とても感謝している。あなたとのおしゃべりは楽しいし、その大きな発想や経験豊かなアドバイスにいつも助けられている。シニアエディターのジャスティン・ストーラーにも感謝したい。編集者がいてくれることがどんなに素晴らしいかを私は知った。それが優れた洞察力の持ち主であればなおさらだ。あなたのアイデアのおかげで本書はずっと良くなった。著作権エージェントのジム・レビンはこの仕事のお膳立てをしてくれた。そのやさしくて価値ある助言に感謝する。

両親（マイファンウィ・シンクレアとゲイリー・シンクレア博士）はいつも私が私らしくいられるよう支えてくれた。心からありがとうを言いたい。素敵な姉、ロビン・シンクレアは本書のメソッドを自分自身も活用してくれた。どうもありがとう。あなたといっしょに過ごす時間は本当に楽しい。大好きな女性たち、ハンター・シンクレア・スリースとモーガン・シンクレア・スリースにも大きな感謝を。あなたたち自身のパフォーマンスストーリーについて話し合うのはとても興味深いし、参考になるコメントをくれるのもありがたい。

ジェームズ・スリースには、今回は特別で永遠のビジネスパートナーとして感謝を捧げたい。草稿を読み、いつも心のこもったコメントをくれること。私のアイデアについて話し合っているとき、楽しそうに笑ってくれること……まだまだある。

最後に、それぞれのパフォーマンス体験を語ってくれたクライアントの皆さんに感謝したい。ぜひ思い通りに行動し続けてほしい！　私が関わった人たちの活躍を見るのはいつだってうれしい。皆さんのおかげで、読者も貴重な追体験ができる。そして、誰もがパフォーマンスを向上させ、結果を出すことができるのだと知るだろう。

■ 著者紹介

ダナ・シンクレア

パフォーマンス心理学者。トロントを拠点とする経営コンサルティングファーム、ヒューマン・パフォーマンス・インターナショナルの創業者兼パートナー。2000年以降、ホッケー、野球、バスケットボール、アメリカン・フットボール、サッカーなどのプロ選手のほか、著名な企業や医療機関をクライアントに、パフォーマンス向上に取り組んでいる。ライセンスを受けた心理学者であり、ケンブリッジ大学とオタワ大学で博士号を取得。ブリティッシュコロンビア大学医学部臨床学助教、アメリカ心理学会会員。

■ 訳者紹介

三木俊哉

産業・出版翻訳者。訳書に『「買収起業」完全マニュアル』（実業之日本社）、『気候変動の真実』『ネットポジティブ』（いずれも日経BP）などがある。

パフォーマンス心理学が教える実力全開メソッド

2024年5月27日　第1版第1刷発行

著者	ダナ・シンクレア
訳者	三木 俊哉
発行者	中川 ヒロミ
発行	株式会社日経BP
発売	株式会社日経BPマーケティング 〒105-8308 東京都港区虎ノ門4-3-12 https://bookplus.nikkei.com/
カバー・本文デザイン	小口翔平＋青山風音（tobufune）
DTP・制作	河野 真次
編集担当	沖本 健二
印刷・製本	中央精版印刷株式会社

ISBN 978-4-296-00178-1
Printed in Japan

本書籍に関するお問い合わせ、ご連絡は下記にて承ります。
https://nkbp.jp/booksQA